Sexualidad y erotismo en la pareja

A mi esposa Alejandra Copantsidis.
Compartir con vos la vida fue, es y será algo maravilloso.
Gracias por enseñarme lo que es el amor y la sexualidad.

—Bernardo Stamateas—

Sexualidad y erotismo en la pareja

Editorial CLIE
Ferrocarril, 8
08232 VILADECAVALLS (Barcelona)

SEXUALIDAD Y EROTISMO EN LA PAREJA
Bernardo Stamateas

ISBN 978-84-7645-852-5

Printed in Colombia

Clasifíquese: 1460 MATRIMONIO- Vida sexual matrimonial
C.T.C. 04-23-1460-02
Referencia: 22.39.57

Agradecimientos:

Deseo agradecer profundamente a todas las personas que de una u otra manera colaboraron para que este libro pudiese tener vida.

A mis padres: *Quienes a pesar de su limitada educación me brindaron todo su amor y me enseñaron que amar a Dios por encima de todas las cosas es lo más importante de la vida.*

Al pastor Dr. Marcelo Villanueva: *Médico-psiquiatra, terapeuta de pareja y familia y gran amigo. Con él hemos analizado y compartido decenas de casos y vivencias pastorales. Gracias por haber corregido el contenido psicológico-pastoral.*

Al pastor Lic. Hugo Marqués: *Pastor de una iglesia creciente llena del Espíritu Santo y un gran hombre de fe. Su amistad, su amor por la pastoral de pareja y por la "pastoral de la vida sexual", me han unido bajo un mismo objetivo. El que haya escrito el prólogo del presente libro me honra y me llena de satisfacción.*

A mis alumnos del Seminario Internacional Teológico Bautista: *Con quienes comparto desde hace varios años gran parte del contenido aquí presente en las materias "Pastoral de la pareja" y "Pastoral de la vida sexual". Material que fue y es discutido, analizado y enriquecido por las aportaciones de muchos de ellos.*

A todos: gracias

Índice

Prefacio

Cuántas crisis de parejas existen en el tiempo que vivimos. Hemos escuchado casos de parejas rotas debido a problemas sexuales no resueltos, infidelidades por el ocultamiento de conflictos, frustraciones debido a las monotonías reinantes.

Hoy, más que nunca, necesitamos una pastoral de pareja, una pastoral del amor y la sexualidad. Una sexualidad vivida sin represiones, sin culpas y sin temores. Una pastoral que hable de frente sobre lo que somos: seres sexuados.

Hemos intentado hablar aquí sobre el amor, sobre el placer, sobre el encuentro con el otro... Nos ha motivado a escribir este pequeño trabajo, el ver vidas destruirse por no poder contar con una información mínima para el enriquecimiento de su vida de pareja. Espero que hayamos cumplido con este objetivo.

Hemos escrito de la manera más simple posible, para que sea de fácil lectura. Hemos quitado toda nota a pie de página para tener fluidez de texto, que pueda servir tanto a la pareja cristiana como al consejero pastoral.

Este trabajo consta de dos libros; en este primero presentamos algunos aspectos fundamentales y básicos para trabajar en pareja.

En los primeros capítulos comenzamos mostrando que para «unirse» hay que «dejar», este unirse debe ser en forma «pareja» e igualitaria construyendo ambos una vida en común.

Damos los aspectos básicos sobre anatomía y fisiología sexual y las fases de la relación sexual.

También hemos visto lo referente a la imagen corporal y cómo conectarnos con nuestro cuerpo y con el cuerpo del otro desde el placer y no de culpa.

En el capítulo siete hemos intentado hacer un breve recorrido sobre las distintas concepciones religiosas de la sexualidad; sorprende cómo la culpa y la represión siguen existiendo aún en muchas parejas cristianas. No hace mucho un joven nos decía:

«Mire, pastor, me enseñaron que no tenga relaciones sexuales antes, me remarcaron; «antes», «antes», «antes de casarme». Muy bien dije yo, si así Dios lo quiere. En cada reunión de jóvenes me decían los mismo y yo asentía con la cabeza. Al pasar el tiempo me puse de novio y me lo volvieron a decir; a los dos años me casé. Nunca más me dijeron con el mismo énfasis que me decían del «antes» qué podía hacer «después». Cuando empecé a preguntar a mis líderes, ellos decían que consultara al médico. Cuando preguntaba cómo podía enriquecer mi matrimonio me decían que no era función de la iglesia.

Me casé y la luna de miel fue un desastre, mi mujer tenía dolores en la vagina y yo un pánico atroz. Luego de unas semanas nos animamos a retomar nuestras relaciones que, con el tiempo, llegaron a ser monótonas y rápidas. Duraban 10 o 15 minutos. En una oportunidad cambiamos de posición sexual y nos sentimos con tanta culpa que pedimos perdón al Señor después. La ignorancia, el miedo, los traumas pasados hicieron que lentamente dejásemos de tener relaciones. Vinieron luego las discusiones y luego la separación. Aún hoy sigo buscando respuestas que me ayuden a entender qué pasó.»

Este testimonio puede parecer «extremo» pero puedo decir con toda seguridad, después de haber visto pastoral y profesionalmente a cientos de parejas por todas partes, que son una realidad FRECUENTE.

Posteriormente vemos algo sobre los mitos sexuales más frecuentes que hemos podido recoger a lo largo de los encuentros con parejas, para pasar después a desarrollar un tema que tanto asusta: la intimidad.

En el capítulo sobre el pseudoamor analizamos algo sobre los celos, la infidelidad, la violencia y el egoísmo en la vida de pareja.

Por último hemos puesto un capítulo sobre lo que sucede en la pareja durante el embarazo, cómo afecta la llegada del hijo a la misma y cómo transcurre la sexualidad.

En el segundo libro, *Las perversiones sexuales*, desarrollaremos ampliamente todas las disfunciones sexuales del hombre: eyaculación precoz, impotencia, falta de deseo, etc.; así como de la mujer: anorgasmia, frigidez, vaginismo, etc.

La dinámica del amor y del enamoramiento y su influencia en elección y constitución de la pareja.

Desarrollaremos lo que es el erotismo, desde la Biblia, analizando detalladamente el maravilloso libro del Cantar de los Cantares.

Haremos un recorrido sobre métodos anticonceptivos y la sexualidad durante la menopausia y la vejez.

Esperamos que este libro pueda ser de bendición. En cada capítulo hemos puesto ejercicios, los cuales hemos utilizado con éxito en muchas parejas, tanto en retiros, campamentos de matrimonios como en la consulta pastoral de pareja.

La idea de los ejercicios es que puedan ser útiles para cada pareja y para que los utilice cada consejero pastoral.

Hoy más que nunca los matrimonios cristianos necesitan descubrir una sexualidad sana, creativa, erótica, placentera que una, fusione y mantenga vivo el amor, si al fin de cuentas lo más importante es esto: el amor.

Pr. Bernardo Stamateas

Prólogo

El Señor me permitió conocer personalmente al autor del libro y anticiparme en los conceptos que vuelca en la presente obra, en una serie de conferencias sobre la familia que desarrollamos en la iglesia que la gracia de Dios me permite pastorear.

Como ustedes se imaginarán no es fácil abordar este tema en un auditorio de más de quinientas personas de diferentes edades, con una muy variada problemática y menos aún en medio de la liturgia propia de nuestros cultos habituales. A pesar de esas aparentes dificultades fue una experiencia enriquecedora. La sensibilidad y la calidez humana de Bernardo, junto con la autoridad y la sabiduría espiritual que el Señor le ha dado como siervo suyo, nos permitió disfrutar en un clima de respeto y de libertad mucho del material que vuelca en esta obra. Fue un tiempo de sanidad, de educación, de restauración matrimonial.

Esta experiencia me permite valorar y apreciar el material aquí expuesto, no sólo en su amplitud y profundidad, sino también en su sentido práctico y útil para cualquier pareja que quiera crecer en este hermoso desafío que es vivir en matrimonio. Rescato también la necesidad de que estos temas no sean reservados a especialistas y tratados en consultorios, sino que lleguen en forma directa y masiva a todas las parejas pues son éstas las que así lo están necesitando.

Comparto la afirmación que hace el autor sobre el preconcepto que hay en nuestras iglesias respecto de que «el hablar o escribir de sexualidad no es espiritual» y que «la llenura del Espíritu Santo es de la cabeza hasta la cintura, más abajo es sucio y pecaminoso». Quizás eso nos esté mostrando que es tiempo de que en nuestros púlpitos se enfrenten todos los temas que se refieren a la preocupación, al interés y a la necesidad humana, con un enfoque bíblico, para que se pueda dar el anhelo del apóstol Pablo cuando escribía a los cristianos de Tesalónica: «y todo nuestro ser, espíritu, alma y cuerpo sea guardado en forma irreprensible». Para ello es necesario una pastoral de la sexualidad completa, profunda y espiritual como Bernardo nos la presenta en esta obra, a fin de que podamos «glorificar a Dios en nuestro cuerpo».

No es necesario argumentar mucho para reconocer que el tema del sexo ha sido tabú en el pueblo cristiano, es evidente que se ha hablado muy poco y aun lo poco se hizo mal. Parecemos esos adultos que sin tratar seriamente el tema sólo se animan a hablar de sexo en chistes porque es la forma de ocultar su ignorancia o fracaso en el tema. Como expresara un reconocido cantante catalán en una de sus canciones «eso no se dice, eso no se habla, eso no se toca...»

Nunca olvidaré la imagen que tenía un compañero de estudios del seminario teológico sobre el contacto entre sus padres; él era hijo único y decía: «creo que la única vez que mi papá tocó a mi mamá fue cuando quedó embarazada y nací yo». Probablemente sea una exageración su expresión pero de algún modo representaba el mensaje que los padres habían dejado en esa vida. Jamás un afecto, nunca una caricia, ni un abrazo, la relación entre ellos era asexuada, como queriendo esconderla por ser mala y pecaminosa. Así hemos descuidado la educación sexual en los hogares cristianos y en las congregaciones cristianas.

Esto llevó siempre a aprender en la calle lo que nuestros jóvenes y parejas deberían aprender en nuestras casas y congregaciones. Lo que aprenden en la calle finalmente es parcial y dañino. Debemos de tener la voluntad firme de llamar a las cosas por su nombre y estamos ante una obra que justamente hace esto. Creo que los tres enemigos de la sexualidad que menciona el autor: La culpa, El miedo y La ignorancia, son combatidos en forma clara y eficaz.

En la labor pastoral he descubierto que muchas de las crisis matrimoniales provienen o emergen a partir de una mala, incorrecta, insuficiente relación sexual, producto de la ignorancia del tema debido a los prejuicios espirituales para abordarlo. Por eso como pastor, como consejero matrimonial estoy feliz de disponer de un material que es un serio y muy completo tratamiento del tema, que sumado a la calidez humana y sabiduría de la palabra de Dios con que es tratado nos deja en la mano un excelente recurso pastoral.

Poder mirar el matrimonio como una experiencia excitante, creer que en Cristo el matrimonio puede alcanzar el goce de las bendiciones que Dios ha puesto en ello es una meta alcanzable; confío en que quienes accedan a este material encuentren consejo de Dios para alcanzarlo.

Pr. Hugo Márquez
Lic. Teología

Capítulo 1

SALUD FAMILIAR

«Fundamentos de una pareja unida»

1. Introducción

No cabe duda de que muchas parejas de nuestras iglesias están en crisis: divorcio, infidelidad, problemas con las familias de origen, con la crianza de los hijos, discusiones interminables, resentimientos del pasado, poco compromiso espiritual, etc...

Por eso, el trabajo pastoral preventivo con los matrimonios jóvenes debe tener su lugar y espacio dentro de las actividades de la iglesia de Jesús.

Básicamente describiremos a grandes rasgos (obviamente por aspectos de espacio), ciertos aspectos fundamentales que hacen a la dinámica de la pareja. La profundización de cada tema lo dejamos por cuenta del líder.

Creemos firmemente que revisar estos temas con todas las parejas será de enriquecimiento para la vida matrimonial y... ¡por qué no! para la salud de toda la iglesia.

2. Modalidades de funcionamiento familiar

Básicamente, podemos hablar de dos modalidades de funcionamiento familiar: la forma llamada centrípeta, y la llamada centrífuga.

Veámoslo mediante los siguientes gráficos:

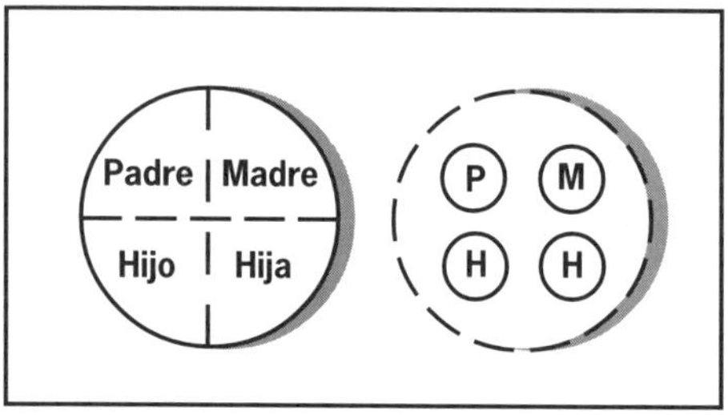

a. El funcionamiento centrípeto

Las familias con características centrípetas son familias que están «pegoteadas», comen todos juntos, salen todos juntos, van todos a la misma iglesia, el problema de uno lo saben todos porque es el problema de todos, se divierten todos juntos. Cuando el hijo tiene un problema en el colegio, se entera el tío, la abuela, la madre, el hermano menor... etc.

Generalmente son familias numerosas, viven cerca, o todos en la misma casa. Uno de sus mayores problemas es que no pueden diferenciarse, no hay «yo» y «tú». Salen todos juntos de vacaciones, alquilan una casa grande, y todos felices y contentos.

Hay poco énfasis en el crecimiento individual y es difícil hacer algo «distinto» a lo que la dinámica familiar establece, con el riesgo de que «si te vas, no vuelvas más».

b. El funcionamiento centrífugo

Todo lo contrario a la primera modalidad, cada uno de los integrantes de la familia está en la suya, cada uno tiene su cuarto, sus cosas, sus juguetes, su ropa, etc.

Hay un fuerte individualismo y cada uno hace lo que quiere, el lema sería algo así como «yo no me meto contigo, no te metas conmigo». Generalmente son familias donde los hijos se sienten abandonados y se los expulsa del sistema familiar desde muy chicos.

3. Su influencia en la dinámica de pareja según sus combinaciones

Si los integrantes de la pareja provienen de una familia:

a. *Centrípeta + Centrípeta*

El problema es cuando nacen lo nietos; las familias de origen se pelean por la crianza del mismo, quién lo cuidará, quién lo va a tener, etc.

En realidad, esta pareja NO ESTÁ CASADA emocionalmente, ya que no pueden dejar de ser hijos, el apego hacia sus familias de origen hace que no puedan desprenderse, y el texto bíblico dice: «Dejará el hombre a su padre y a su madre...»

Viene a nuestra mente el caso de una joven pareja que había decidido no tener hijos. Esta decisión de ambos, paradójicamente les trajo momentos de angustia y depresión.

En la consulta pastoral expresaban esta depresión por haber decidido no tener hijos, manifestando que su angustia «posiblemente se debía a que nuestra cultura dice que todos debemos tener hijos».

Profundizando un poco más, descubrimos para nuestra sorpresa que desde hacía dos años no tenían relaciones sexuales (estaban casados hacía tres). Cuando preguntamos el porqué, daban innumerables excusas.

Al profundizar un poco más, descubrimos que ambos provenían de familias centrípetas. Poseían un apego profundo a sus familias de origen; en realidad dos veces por semana cada uno iba a comer a la casa de su familia de origen y ¡los domingos iban a las dos!

Así se cumplía en ellos un principio psicológico importante. Si la unión del hijo con su familia de origen es muy fuerte (representémosla por un +)

la «unión» entre ellos como pareja no se concretará; es decir, será una unión débil o «pseudounión» (representémoslo por el signo –).

Veámoslo:

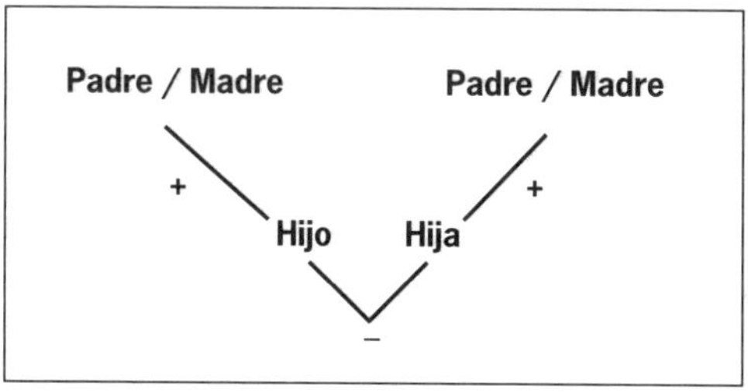

Pero si el desprendimiento se produce de la familia de origen (–) entonces puede darse la unión (por supuesto si se aman) entre ellos como pareja (+). Veamos el gráfico:

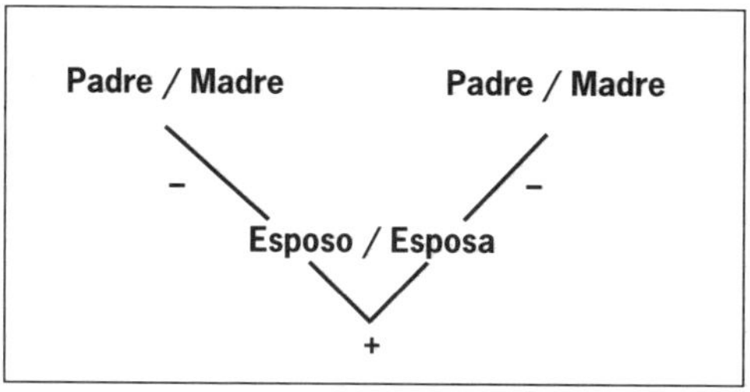

Efectivamente, ellos no podían ser padres si no dejaban de ser hijos. No podían «unirse» si no «dejaban a su padre y a su madre». No podían comenzar a vivir para ellos si no dejaban de vivir para los otros. Ambos funcionaban a las mil maravillas; no tenían problemas, se llevaban bien y eran comprensivos el uno con el otro. Es decir, eran ¡una magnífica pareja de hermanos! Por eso, para ellos tener relaciones sexuales implicaba algo así como un «incesto» (de allí que manifestaron: «las dejamos de tener porque no nos gustaba hacer el amor, ¡más bien nos gustaba hablar!»)

Clarificado y trabajado todo esto, al tiempo la pareja tuvo su primer hijo, y su casi total deprendimiento de sus familias de origen. Su unión sexual y de pareja se fortaleció (su alegría fue tal que me permitieron reproducir por escrito su historia para bendición de otros).

Generalmente cuando el hijo de la familia centrípeta se casa, éstos tratan de involucrar a la nuera a la familia de origen. Si no pueden, a veces el mismo hijo es expulsado: «ándate y no vuelvas más, desde que andas con ésa, eres otra persona», «yo te decía que ésa no te convenía, destruyó nuestra familia».

No pueden dejar de ser hijos, no pueden ser esposos, no pueden ser padres. Si tienen hijos es por la presión de sus familias y ellos lo «entregan» a los abuelos para su crianza.

b. *Centrípeto + Centrífugo*

Se atraen bastante, cada uno añora algo del otro, el hijo centrífugo adopta a la familia del esposo, ya que es la familia que no tuvo. Si el centrífugo quiere «apartar» a su esposo del grupo familiar... ¡la que se arma!

Por otro lado el centrípeto añora la independencia y libertad de su pareja. Generalmente el centrípeto absorbe al centrífugo, «trayéndolo» a su grupo familiar.

c. *Centrífugo + Centrífugo*

Se espera mucho del otro ya que ambos han sido criados sin familia, sin padres, esperan encontrar en el otro características paternales y maternales. Se unen y protegen; a veces uno hace de padre, a veces el otro hace de madre, por eso se simbiotizan, y su relación es ampliamente complementaria.

El ejemplo más gráfico es la pareja donde ambos han atravesado muchos problemas de infancia, dificultades en la vida y se unen muy «fuerte» el uno al otro.

Sirva como aclaración que cuando describimos estas modalidades, lo estamos haciendo en términos generales, de ninguna manera estamos diciendo que tal o cual unión no debe realizarse, o que el consejero deba «sugerir que no se casen». Afirmar cosas es muy comprometido y está fuera de lugar para un consejero que se precie.

En cambio, sí sirven para trabajarlos juntos con la pareja en búsqueda de mayor crecimiento.

> *«El desprendimiento de la familia de origen, debe ser revisado por cada matrimonio joven, ya que constituye un paso fundamental para la salud de la pareja.»*

4. Del mito a la expectativa

En terapia familiar, se llama «mitos» a todo lo que cree cada uno de los integrantes; sus gustos, su forma de ver la vida, lo que considera bueno o malo, su manera de comer, de vestir, los roles que debe tener cada uno, etc.

Desde que nacemos vamos formando nuestro mundo de valores.

Muchos provienen de nuestros padres y su enseñanza hacia nosotros; otros vienen de la cultura en la que estamos inmersos y otros los elaboramos nosotros.

El terapeuta familiar Antonio Ferreira define al mito como: «el conjunto de creencias bien sistematizadas y compartidas por los miembros de la familia respecto a sus roles mutuos y la naturaleza de su relación, aunque muchas puedan resultar falsas».

No siempre este sistema de mitos o creencias son conscientes ni explicitables para la persona.

Los «mitos» se transforman en verdades «inspiradas por el Espíritu Santo de Dios» que deben cumplirse sí o sí.

Decimos que una pareja está más enferma, cuando posee mayor cantidad de mitos; son muy rígidos y están más arraigados; son más inconscientes y están más distorsionados o alejados de la realidad.

En las familias más normales estos mitos son más conscientes para la persona, pueden modificarse, se acercan más a lo que podríamos llamar «expectativas».

La expectativa es la esperanza de que algo suceda de una determinada manera, pero puede ser modificada según las circunstancias.

–Mito: verdad incuestionable, a ultranza, no admite confrontación; «tú debes estudiar música, sí o sí, yo sé lo que te digo, sé que te hará más feliz».

–Expectativa: «influye»; el mito: «atrapa».

«Me gustaría que estudiases música, pero es una decisión que te corresponde a ti, a lo que tú creas que te hará feliz.»

Aquí podemos realizar un ejercicio: Los nueve puntos representados deben ser conectados entre sí mediante cuatro líneas sin levantar el lápiz del papel (la respuesta se encuentra al final del capítulo).

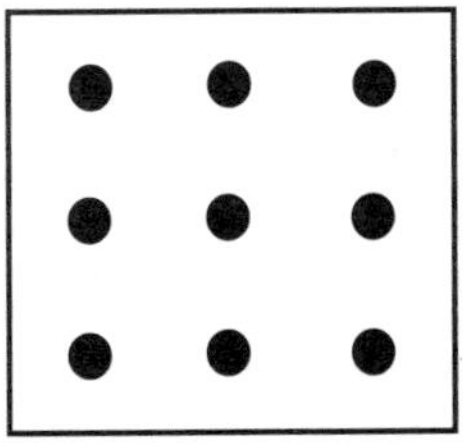

«Tener expectativas hacia el otro y no mitos sobre el otro, constituye otra señal de una pareja sana.»

5. De los extremos al equilibrio

Sabemos que gran cantidad de conflictos tienen lugar en la pareja cuando dos sistemas de creencias se unen. Con el correr del tiempo entramos en homeostasis, es decir, lo estable, «lo mismo», nuestros mitos nos juegan una mala pasada, se petrifican como una manera de funcionamiento. Ya no hay lugar para la transformación o el cambio, grafiquémoslo:

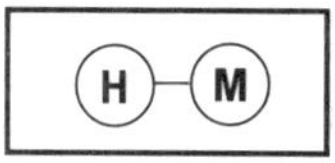

a. Homeostasis

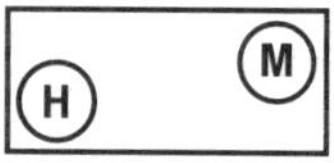

b. Flexibilidad

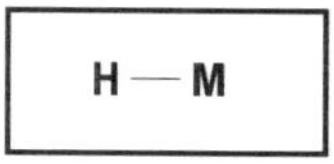

c. Equilibrio

a. *Pura homeostasis*

En el primer caso, la pareja establece demasiado su homeostasis, es decir su sistema de creencias y ciertas conductas siempre de la misma manera, hay poco lugar para el cambio. Son las parejas rígidas, que siempre piensan lo mismo de la misma forma, funcionan «como siempre lo hicieron». No hay lugar para la espontaneidad, el cambio, lo nuevo.

Las enfermedades psicosomáticas y la depresión son características en estas familias donde de tanta homeostasis se han transformado en pura rigidez.

b. *Pura flexibilidad*

En el segundo esquema, son parejas que no poseen pautas de convivencia, si las hay son muy pocas, cada uno hace lo que quiere y cuando quiere. Son familias disgregadas, con poco interés el uno por el otro. Las adicciones son características de este sistema de funcionamiento.

c. *Equilibrio*

Se ha encontrado un equilibrio, la pareja tiene ciertas pautas que mantiene, ciertos principios, pero al mismo nivel del cambio, es decir que puede adaptarse a las diferentes crisis de la vida. Es más móvil y a la vez más estable.

Es como los edificios antisísmicos, cuyo mayor margen de movilidad, de oscilación los hace más resistentes a los embates sísmicos.

Aquí podemos realizar otro ejercicio:

E Sostenga el libro en la mano derecha, cierre el ojo izquierdo y fije el ojo derecho en la estrella de la figura. Mueva el libro a lo largo de la línea visual lentamente, hacia adelante y hacia atrás hasta que el círculo negro desaparezca a una cierta distancia que varía entre 30 y 35 cm. Si mira atentamente la estrella, el círculo seguira invisible aun en el caso de que mueva el libro en su plano en una dirección cualquiera.

Preste atención en que no se «ve nada», no se percibe. No es que allí falte algo, o que usted está ciego, sino que simplemente, no todo lo que percibimos como «verdad» es la verdad.

La flexibilidad y la apertura implican y significan que aún faltan cosas por descubrir y que no todo lo que «vemos» es TODO.

«Sed parejas de «caña», que se pueden doblar y son más flexibles que las parejas de «rama», que se quiebran más fácilmente.»

Ejercicios

1. Enumeren en qué cosas aún siguen «pegados» a sus padres, cómo influye esto en su matrimonio y cómo podrían ir «cortando» la relaciones dependientes que les molestan.

2 – Diga cada uno hasta dónde se considera una persona flexible; enumeren en qué cosas sí lo son, en cuáles no, y el porqué.

3 – Escriba cada uno en una página los mitos familiares sobre: los roles, la vestimenta, la diversión, los alimentos, el compartir, etc.

4 – Piensen y nombren, cada uno por separado, qué conductas está repitiendo de su familia de origen en su propio matrimonio.

S Solución al ejercicio de la pág. 23
La dificultad de lograr la respuesta consiste en que se parte de *un supuesto falso* y es que los puntos consituyen un cuadrado y que la solución SOLAMENTE se hallará dentro de ese esquema.

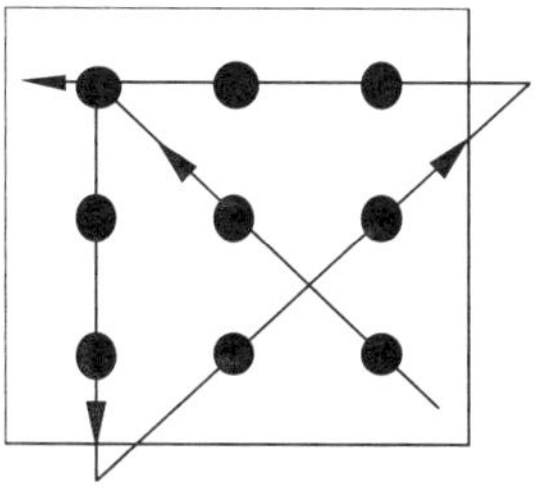

Sólo cuando dejamos «nuestro esquema», que creemos «el mejor», para adoptar otros puntos de vista «no tan lógicos», encontramos la solución. Muchas parejas no pueden encontrar soluciones porque no pueden ver los problemas de los que han partido.

Capítulo 2

LOS ROLES EN LA PAREJA

«Una pareja, pareja»

1. Introducción

Sorprende comprbar cómo este tema genera reacciones «violentas» en muchos creyentes. Analizando el tema se sostiene que la pareja debe partir desde la IGUALDAD. Pesan sobre nuestras espaldas interpretaciones parciales de las Escrituras, una historia machista y la propia historia personal. No por nada, el tema de los roles es uno de los temas principales en los conflictos de pareja.

Muchos, atados a interpretaciones parciales de la Escritura han logrado fundamentar «bíblicamente» su machismo, cuando el ejemplo de Jesús es totalmente lo contrario.

Creemos que la Biblia no habla de roles, ya que éstos son históricos y cambiantes de acuerdo a la cultura actual y a la pareja. Creemos que la Biblia da principios generales y universales para la pareja, pero no habla de roles, es decir tareas específicas para el hombre o para la mujer.

Cuando hablamos en sexología de «Identidad de género», estamos refiriéndonos a la sensación que tenemos de ser hombre o mujer. Cuando hablamos de «Rol de género» nos referimos a todo aquello que hacemos –o pensamos que debemos hacer– para ser varón o mujer. Este trabajo trata de esto último.

El rol de género depende de cada cultura. La Biblia deja sentada la identidad como creación de Dios, pero no las bases para el rol de género.

Según algunos estudiosos, el rol de género tiene que ver ampliamente con nuestra cultura y con las normas sociales vigentes.

2. Algunas modalidades de relación

Desde el punto de vista dinámico podemos distinguir tres modalidades de relación en la pareja:

a. *Modalidad complementaria*

Aquí, uno asume una actitud activa y el otro pasiva; por ejemplo, uno cuida y el otro es cuidado, maestro-discípulo, dominador-dominado; uno toma las decisiones y el otro obedece, uno toma la iniciativa y el otro le sigue, etc.

A mayor complementariedad, mayor conflictiva es la pareja (aunque nunca se peleen) debido a la mutua dependencia establecida.

b. *Modalidad simétrica*

La pareja está en las mismas condiciones. Ambos son activos. La excesiva simetría lleva a la escalada simétrica, visto en casi todas las peleas donde cada uno expone su razón frente al otro sin ceder en nada.

c. *Modalidad Paralela*

Es una combinación de ambas en forma dinámica. En ciertos aspectos la pareja asume características complementarias y en otras simétricas. Pueden ayudarse mutuamente en un aspecto y en otro ser independientes.

3. Un poco de historia

Miremos la dinámica varón-mujer desde la historia de algunas naciones:

a. *En el antiguo Israel*

- Si el hombre encontraba algo «indecente» en la mujer, podía pedir carta de divorcio, mientras que la mujer no (los resabios de este mito se ve en que la infidelidad del hombre es en lo social más fácilmente perdonado que la de la mujer).
- Cualquier hijo pertenecía a la autoridad del padre.
- La costumbre era que el varón tenía que pagar por la esposa con dinero o animales y hasta trabajo (señal clara que la mujer era «algo más» que el hombre compraba; nos preguntamos ¿qué diría el hombre si fuese al revés?)
- La mujer era «de segunda» desde el vamos.
- El patio de las mujeres se encontraba más lejos del lugar santísimo y 15 escalones debajo de los hombres.
- Las sinagogas fueron construidas de tal forma que los hombres y las mujeres no pudiesen estar juntos.
- Para constituir una sinagoga hacían falta 10 hombres, si existían 9 y 100 mujeres no se podía constituir.
- La mujer no era contada como miembro de la congregación y no podía leer la Torá en voz alta. Mujeres, esclavos y niños debían guardar silencio. ¡Sí!, la mujer podía decir el «amén» luego de la oración en la comida.

b. *En la antigua Grecia*

Platón escribe su *Timeo* plagado de misoginia (sentimiento de rechazo y desprecio por las mujeres). Decía:

«Aquel que viva correctamente tendrá una existencia eterna pero aquel que viva una vida torcida ¡se convertirá en mujer!»

Para Platón, la mujer se encontraba en un estado intermedio entre el varón y los animales. Ya nace aquí la jerarquía de los sexos.

- Su discípulo Aristóteles desarrolla una escala de perfección en la que el hombre aparece como el más perfecto y cálido, y la mujer como algo más fría y con una inteligencia mediocre. Así nace el orden jerárquico aristotélico, orden que se mantendrá durante miles de años.
- Galeno, el médico griego (300 a.C.) estudiaba primero al hombre y luego comparativamente a la mujer, así describió los genitales femeninos como una versión mutilada de los masculinos.
- La madre, en Grecia, no tenía derecho sobre el hijo como el padre. Si el padre lo abandonaba ella no podía hacer nada. Hasta los 7 años estaba con la madre que le enseñaba la mitología griega. A los 18 lo agarraba un preceptor o esclavo y le enseñaba a leer y escribir.
- Las mujeres aprendían a coser y a dedicarse al hogar, los varones a saltar, lucha física, correr, etc.

c. *En la revolución industrial*

- El hombre en la calle y la mujer en el hogar.
- Él en la calle luchando y peleando y la mujer en la casa tranquila, limpiando.
- Él esperaba que ella recibiera a quien venía cansado de trabajar todo el día, que dijera a los hijos: «no lo molestes que papá viene cansado»; se escuchaba: «mirá trabajé todo el día y lo único que quiero es comer e irme a dormir».
- Lo femenino se asoció a lo doméstico y lo masculino a lo intelectual y a la lucha.
- El matrimonio era un trato comercial. *La menagier* de París en 1939 decía:

> «Tú, teniendo 15 años, y en la semana en que nos casamos, me rogaste, por favor, que fuera indulgente ante tu juventud y perdonara el que no supieras atenderme bien, hasta que hubieras aprendido más, y prometiste poner el mayor cuidado y diligencia... pidiéndome humildemente, en nuestro lecho, que por el amor de Dios no te corrigiera delante de extraños o de parientes, sino que lo hiciera todas las noches o día a día en nuestra alcoba, mostrándote las cosas impropias o tontas hechas en el día pasado, y castigándote, si lo deseaba, y luego no dejarías de enmendarte, de acuerdo con mis enseñanzas y correcciones, y harías todo lo posible por obedecer mi voluntad... y como estas dos cosas, salvar tu alma y alegrar a tu marido, son las más importantes, las he colocado en primer término.»

Estos consejos de «salvar el alma y alegrar al marido» involucraban desde cómo eliminar las pulgas de la casa hasta cómo soportar al «esposo necio o infiel».

El hombre desde la historia ha sido el dueño y tutor de la mujer. Esto explica el porqué culturalmente el hombre debe ser más grande en edad que la mujer, y cuando no es así la mujer o siente vergüenza o bien se angustia, «el hombre debe ser MAYOR que la mujer».

4. Algunas «frases»

–Juan Luis Vives en 1528 en *Instrucción de la mujer cristiana* escribió:

> «En el amor de la esposa debe haber gran obediencia y acatamiento al marido pues él ocupa el puesto de Dios en la tierra.»

–Fray Luis de León en 1583 en *La perfecta casada* decía:

> «No las dotó Dios del ingenio que piden los negocios mayores ni de fuerza...mídanse con lo que son y conténtense con lo que es su suerte, y entiendan en su casa y anden en ella, pues las hizo Dios para ella sola.»

–El escritor Honorato de Balzac, en 1829, manifestaba:

> «El destino de la mujer y su única gloria es hacer latir el corazón de los hombres. La mujer es una propiedad que se adquiere por contrato; un bien mueble, porque la posesión vale por un título; en fin, hablando propiamente, la mujer no es más que un anexo del hombre.»

–En su obra *La fisiología del matrimonio* aconsejaba a los maridos:

> «No comience nunca su matrimonio con una violación.»

–En 1851 el Dr. Venette decía:

> «... que la mujer se sitúe encima del hombre es una infamia, la peor de las torpezas; el hombre debería avergonzarse de ser sometido así por una mujer.»

–La reina Victoria de Inglaterra en 1870 dijo mediante una carta pública:

> «La reina desea que se unan a ella todos los que sepan hablar o escribir para contener esta loca y perversa tontería de los Derechos de la mujer, con todas sus horrorosas secuelas, ante la cual el sexo débil se inclina, olvidando todo sentido de decoro y de feminidad. Este tema enfurece a la reina hasta el punto de que no sabe contenerse. Dios creó diferentes a los hombres y a las mujeres; por tanto, dejemos que cada uno permanezca en el puesto que le corresponde.»

–Cristóbal de Fonseca, en su *Tratado del amor de Dios*, en 1613 decía:

> «Y como puso Dios CABELLOS LARGOS EN LA MUJER, QUE SON COMO LAS RIENDAS QUE EL HOMBRE HA DE TRAER EN LA MANO PARA GUIARLA.»

–El moralista Alonso de Andrade en su libro *De la guía y de la virtud*, escrito en 1646 escribió lo siguiente:

> «... las mujeres que son humildes, sujetas y obedientes, y se dejan regir y gobernar de sus mayores, les echa Dios mil bendiciones, y todo les sucede bien, y viven en suma felicidad, y prospera Dios su casa y su familia.»

–El moralista Pedro Galindo decía en 1687:

> «... muy obediente a sus padres, que si lo ha sido a ellos, también lo será a su marido, por las cuales prendas ha de ser conocida, alabada y amada por todos».

–Schopenhauer decía en 1894:

> «Su vida debe ser más tranquila e insignificante que la del hombre. La mujer está llamada a cuidar y educar a los niños, porque es infantil ella misma, sigue siendo un gran niño durante toda su vida, una especie de grado medio entre el niño y el hombre, que es verdadero ser humano. Las muchachas han de ser educadas para el hogar y la sumisión.»

–El Dr. Paul Broca profesor de cirugía clínica dijo que el cerebro de la mujer era 114,8 gramos más liviano que el del hombre:

> «con lo cual demuestra que las mujeres son menos inteligentes que los hombres».

-Napoleón decía:

> «La naturaleza quiso que las mujeres fuesen nuestras esclavas...son nuestra propiedad...nos pertenecen, tal como un árbol que da frutas pertenece al granjero...la mujer no es más que una máquina para producir hijos.»

–El amado y la amada en Cantar de los Cantares (1.15, 16):

> «He aquí eres hermosa, amiga mía, he aquí eres bella...»
> «He aquí tú eres hermoso, amado mío y DULCE:
> NUESTRO LECHO ES DE FLORES.»

5. Los roles en nuestra cultura

Básicamente los roles pertenecen a la cultura, nacen y se nutren de ella. Son dinámicos y flexibles, es decir, cambiantes de acuerdo al momento que la pareja esté atravesando.

Sí, no nos enseñaron lo que es ser varón, lo que es la masculinidad; o mejor dicho, hemos sido golpeados con estereotipos que consciente o inconscientemente nos vendieron. Nos vendieron un catálogo sobre lo que es ser varón y mujer y algunos creyentes, confundidos, hasta lo defendieron como «inspirado por el Espíritu Santo» siguiéndolo fielmente.

HOMBRE	**MUJER**
• Activo, fuerte	• Pasiva, débil
• Independiente	• Dependiente
• Poco emotivo, duro	• Emotiva, fácil de convencer
• Brusco, grosero	• Cortés, educada
• Intelectual, frío	• Afectiva, sentimental
• Para el trabajo	• Para el hogar
• Trae el dinero y lo maneja	• Cuida a los hijos y lo gasta
• Toma la última decisión	• Obedece a su esposo
• Seguro, confiado	• Insegura
• Dominante, «cabeza»	• Sumisa, «pies»
• Etcétera	• Etcétera

Nos dijeron que somos «machos» y nos enfrentamos a las situaciones difíciles; nos dijeron que llorar es de maricones, que a golpes se hacen los hombres, que no jugar al fútbol o no saber de coches es ser medio afeminado. De la forma concreta como lo escribimos así nos lo han enseñado.

No sorprende entonces entender por qué en nuestro continente existen tantos hombre golpeadores, mujeres abusadas sexualmente, hijos sin padre, violencia familiar, etc. Es interesante notar que se asocia a la mujer con lo pasivo y al hombre con lo activo.

La mujer es más sensible al tacto, al gusto y a los olores, mientras que el hombre a la vista y al oído; llama la atención que estos dos últimos sentidos son receptores a distancia y son los más desarrollados en el hombre, mientras que los sentidos que predominan en la mujer son más cercanos al cuerpo. Sí, no es casualidad: los varones tenemos una gran fobia al contacto corporal.

Qué decir de muchas enfermedades psicosomáticas que esconden una incapacidad y a la vez una intensa búsqueda de intimar con alguien. Esto explica por qué es más frecuente que el hombre tenga una aventura extramatrimonial, que enamorarse y mantener una relación estable. Justamente, enamorarse es entregarse al otro, es estar pensando en el otro, es intimar.

Haciendo un paréntesis, estas clasificaciones de opuestos son típicos en los niños de dos y tres años. Los docentes saben que a esta edad se les enseña a los niños que las cosas son: gordas o flacas, frías o calientes, buenas o malas, pequeñas o grandes, normal o anormal, Dios o diablo, arriba o abajo, etc.

Es a los cinco o seis años aproximadamente que se incorporan otros matices dentro de las clasificaciones duales: grises, medianos, templados, regulares, etc. Desgraciadamente en la cuestión de los roles, muchos se han quedado en los dos años viendo a lo masculino y femenino como antiopuestos y totalmente diferentes.

6. Qué ha significado ser «todo un caballero» y «toda una señorita» en nuestra cultura

La cultura nos ha dado el «catálogo»

a. *Señorita*

–Llegue a ser mamá y será todo en la vida.

–Recuerde ser siempre «maternal» con todo el mundo.

–Manténgase siempre arreglada y guapa.

–Primero su casa, después sus hijos y después a dormir.

–Sea femenina, es decir no muy ruda ni firme (eso es de machonas).

–Llore pero no sea tan histérica y sentimental.

–Siéntese con los pies juntos.

–Sea pasiva en todo.

–Si es soltera, ha perdido el 90% de las posibilidades. Lo siento (¡fracasada!).

b. *Caballero*

–Su función es ser líder del hogar, si no será un maricón.

–Compita con todos y siempre.

–Mucho sexo, como sea, donde sea, con quien sea y cuando sea.

–No llore a menos que se esté muriendo.

–Sea atlético.

–Proteja a las mujeres, sin confiar mucho en ellas.

–No tenga miedos ni temores.

–Todo depende de usted.

–Haga feliz a una mujer; «cásese».

–Cuidado con la homosexualidad.

–Si es soltero, ha ganado el 90 % de las posibilidades. Lo felicito. (¡gran maestro!).

7. Aspectos de la crianza que contribuyen a la personalidad machista

    a. Falta de expresiones de ternura y afecto por parte del padre: tocar, acariciar, reír, jugar, besar, pedir perdón, equivocarse, llorar con el hijo, etc., es vivido como algo poco masculino y estúpido.
    b. Énfasis exagerado en el respeto: muchos padres creen que así se marca la autoridad y «quien manda en casa». Estas actitudes crean distanciamiento de todo tipo y temor. El hijo no puede intimar con su padre, puesto que éste aparece como alguien frío y distante del mundo del hijo.
    c. Trato rudo por parte del padre: desde golpes, maltrato verbal, cachetazos, tirones de orejas, etc.; el padre es vivido con temor y como alguien peligroso. El padre sostiene que la «disciplina» ejercida es «por tu bien» (en vez de decir «te pego porque me hace sentir mejor a mí»).
    d. Roles claramente petrificados: la tarea de la madre es «el hogar», «la crianza», etc., y la del padre es «traer el dinero», «ocuparse de los negocios», etc. Cualquier «cambio» a estas pautas, es vivida como agresión y gran desequilibrio familiar.

8. Sintomatología básica del machista

Para compensar sus carencias afectivas el machista tendrá las siguientes conductas:

–Agresividad excesiva

–Dominio de la mujer, léase «cabeza de la misma».

–Sexo de conquista.

Estos síntomas esconden una:

–Débil autoestima.

–Dificultad en las expresiones de afecto y ternura

–Dependencia exagerada hacia la mujer y ambivalencia

–Celos-inseguridad

Una buena pastoral de la pareja debe «sí» o «sí» revisar qué es ser «hombre» según la Biblia.

Donald Winnicott, famoso psicoanalista inglés, manifiesta que las personas con dificultades para relacionarse y expresarse, son personas que tienen una coraza dura en su exterior que protege un núcleo débil y blando en su interior, el cual trata de mantener oculto, que es la falta de confianza en sí mismo. Veámoslo mediante este gráfico:

Este exterior «duro» hace que nadie permita conocer su interior «débil».

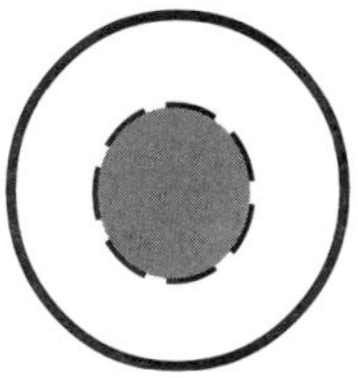

Falta de confianza en uno mismo

Decimos que cuanto «más macho» por fuera, más débil por dentro; cuanto más inexpresivo por fuera, más sentimental por dentro.

Son personas que no pueden «desnudarse» emocionalmente. Creen que deben ocultar ciertas partes de sí ya que si otro las conociera sería algo vergonzoso y peligroso. Viven cuidando que los demás no conozcan aquello que vigorosamente ocultan para que no sea descubierto.

Justamente para estas personas intimar sería que el otro descubra este núcleo débil y pobre, por esta razón asume características de firmeza y dureza.

La persona que puede intimar es la que posee un exterior permeable y un núcleo firme y consistente. Su autoestima está firme y segura, su interior es estable, puede abrirse y permitir que otros lleguen a lo más profundo de su ser.

Grafiquémoslo:

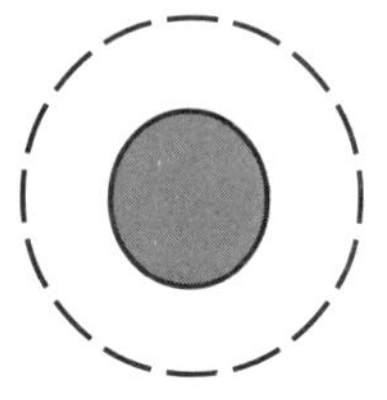

Por eso dice el conocido Erik Erikson que el deseo de compartir es una característica del hombre maduro.

9. Conclusión

En resumen, proponemos, ser nuevamente SERES HUMANOS en Cristo.

MACHO	**SERES HUMANOS**	*HEMBRA*
Superior	IGUALES	Inferior
Autoritario	RESPETO MUTUO	Sumisa
Racional	RAZÓN CON SENTIMIENTO	Sentimental
Agresivo	AFIRMATIVO-ASERTIVO	Pasiva
Sexo Incontrolable	SEXO CON MUTUO CONSENTIMIENTO	Sexo Reprimido
Sexo «Performance»	SEXO DE SATISFACCIÓN MUTUA	Sexo al servicio del hombre

«Una pareja sana es aquella que tiene sus roles establecidos sobre la base de la igualdad y el respeto mutuo.»

Ejercicios

5 –Explique a su pareja cómo estaban distribuidos los roles en su familia de origen; enumere qué tareas hacía su padre y cuáles su madre.

–Qué tareas no debía realizar un hombre y cuáles sí, y escriba el porqué de estas razones.

6 –Revisen qué tareas les gustaría redistribuir y cuáles compartir juntos.

–Conversen hasta dónde ustedes son una pareja «pareja», con las mismas responsabilidades y privilegios.

–Oren juntos por lo descubierto.

Capítulo 3

ANATOMO-FISIOLOGÍA

«Cada cual por su nombre»

1. El aspecto genético

Tenemos unos 48.000 genes diferentes y cada uno es responsable de alguna característica funcional o estructural. Los genes poseen un lugar importante en nuestra vida ya que determinan nuestro color de ojos, nuestra altura, nuestra inteligencia, nuestro temperamento, etc.

Dos personas son los que intervienen en esta maravillosa unión y cada uno contribuye con la mitad de su material genético. Cuando se unen un espermatozoide y un óvulo se crea una célula nueva que posee 46 cromosomas. Esta célula fecundada posee material génetico de cada uno de los dos: 24.000 genes de la madre y 24.000 del padre.

Todas las especies vivas que se reproducen sexualmente poseen un fuerte instinto sexual, órganos reproductores y una programación para cuidar y proteger a sus crías.

2. El aparato genital femenino

La palabra «genitales» viene del latín *genitalia* y significa «dar nacimiento».

Llama la atención durante cuánto tiempo se consideró la anatomía de la mujer como algo misterioso, algo «inexplorado». Muchos piensan que la vagina por ejemplo, es un túnel misterioso, interminable. Por otro lado, el mito de que «los hombres saben», hizo especialmente en los varones un silencio en cuanto a conocer la anatomía femenina. Aún en muchas iglesias cuando se quiere dar educación sexual, se separa a los varones de las mujeres, cuando justamente los varones tienen más interés e intriga por la anatomía femenina que por la suya propia. El error llevó también a creer que las mujeres actuaban sexualmente igual que los hombres, trayendo esto múltiples conflictos en la pareja. Todavía hay quien piensa que al tener una erección ya debe penetrar: «Porque yo estoy excitado, también lo está mi mujer.»

Hemos sido testigos también de innumerables parejas que «no encontraban la vagina» al tener sus primeras experiencias sexuales o que era la primera vez que miraban el cuerpo desnudo, ya que ni en dibujos lo habían visto. Hay mujeres y varones que no saben qué es el clítoris, que jamás han explorado sus cuerpos, desconocen la anatomía masculina, etc.

Los genitales femeninos se pueden dividir en dos grupos: los externos (visibles, fuera del cuerpo) y los internos (dentro del cuerpo).

Recuerdo la famosa frase de mi profesor: «La naturaleza es sabia y no hace las cosas en vano.»

La sexualidad es un hecho ecológico, ya que el cuerpo humano hay que cuidarlo y preservarlo. Dios se ha encargado de diseñarlo como un «artista», él ha creado cada una de tus partes, las ha pensado premeditadamente; nada es al azar en su creación. TODAS las partes de tu cuerpo son limpias, buenas y santas. Si alguien no lo siente así es porque otros pensamientos ajenos a la Palabra de Dios dominan su mente.

-ÓRGANOS GENITALES FEMENINOS EXTERNOS-

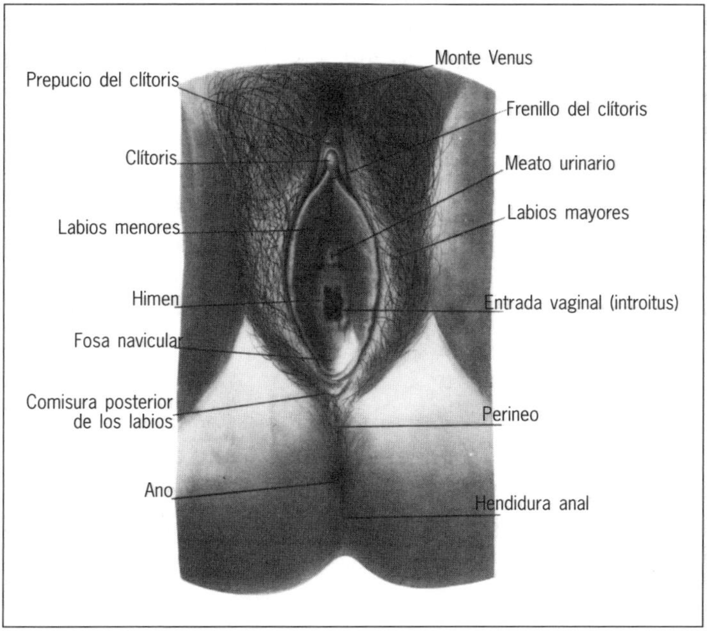

Figura 1

Los genitales externos se componen básicamente de:

1. Vulva
2. Himen
3. Glándulas de Bartolino
4. Uretra
5. Vagina

Examinémoslos cada uno por separado:

1. VULVA

Término latino que significa cubierta, se representa con este término al conjunto de órganos genitales externos. Está compuesta por:

a. Labios mayores y menores

Son los más extensos y constituyen la parte más visible de la vulva. Son dos repliegues de forma alargada que varían de mujer a mujer. Su piel exterior es rugosa y está recubierto por el vello. Los labios mayores se unen en su parte superior al monte de Venus. En su parte interna contiene los folículos sebáceos y glándulas sudoríparas.

Los menores son dos pliegues longitudinales paralelos de tejido terso. Durante la excitación sexual estos labios se expanden. Los labios mayores son paralelos a los menores y ofrecen protección a la vagina. Los menores se unen en su parte anterior y rodean al clítoris. Es importante señalar las diferentes variaciones genitales.

b. El monte de Venus

La palabra viene del griego y significa «monte del amor», es un depósito de tejido graso que sirve de protección. En la pubertad se recubre de vello. Allí nacen los dos pliegues de piel que constituyen los labios mayores.

c. Clítoris

Es un órgano de estructura cilíndrica. Está compuesto por cuerpos cavernosos como el pene y puede congestionarse y aumentar de tamaño. Consta de una cabeza redondeada llamada glande y una parte larga denominada eje. La parte visible es el glande. Al ser estimulado puede aumentar su tamaño hasta duplicarlo. El clítoris es la zona más sensible del cuerpo femenino y mide 5mm de diámetro.

La palabra latina significa «aquello que está cerrado», y está encerrado en la parte alta de los labios de la vagina. Su longitud es de 12 a 25 mm. Es el punto más sensible de la anatomía femenina para la función sexual, y es la única función que posee.

d. El famoso punto G

Hace algunos años se comenzó a estudiar el descubrimiento de esta zona hecha por Grafenberg. Es sencillamante la parte vaginal del clítoris que recorre la parte anterior del techo vaginal. Éste se encuentra localizado detrás del hueso del pubis en el interior de la pared anterior de la vagina. Para localizarlo es necesario una presión firme.

Para la excitación es necesario que la mujer esté en cuclillas, tenga dedos largos y ganas de estimularse. Es imposible localizarlo de otra manera. En algunas mujeres este orgasmo ha provocado la expulsión de un líquido por la uretra que no es orina y se la llama eyaculación femenina. Se produce en algunas mujeres que tienen desarrollada la glándula de Skene, rudimento de la próstata masculina. Todo lo demás ha sido provocado por la prensa sensacionalista. La búsqueda de esto no debe ser obsesiva ni «perturbar el sueño».

2. HIMEN

Es la membrana que recibe su nombre del dios místico del matrimonio llamado «Himeneo». Es una membrana que cierra parcialmente la entrada a la vagina. Esta membrana puede ser fuerte o estar ausente desde el nacimiento. No tiene ninguna funcion biológica. No tapa por completo la entrada vaginal para que pueda salir el líquido menstrual. El dolor puede o no producirse, y sucede por el hecho de que la abertura del himen de la mujer virgen tiene alrededor de 2 cm de diámetro, pero se necesitan 4 cm de diámetro para una relación sexual cómoda.

Cuando se rompe el himen a menudo se derrama un poco de sangre, que en última instancia se detiene presionando con un pañuelo.

La ausencia de himen de ninguna manera es índice de que la mujer no sea virgen.

3. GLÁNDULAS DE BARTOLINO

Son dos glándulas que desembocan en la parte interna de los labios menores a cada lado del himen. Segregan una o dos gotas de líquido durante la excitación sexual.

4. URETRA

Es un tubo corto que va desde la vejiga hasta el meato uretral.

5. VAGINA

La palabra viene del latín y significa «estuche» Es un canal muy elástico que tiene forma de estuche y sirve para la penetración del pene; tiene normalmente, en estado de reposo, entre 8-13 cm de largo y se expande grandemente durante la excitación sexual.

La parte externa es muy sensible a la presión y al tacto transmitiendo sensaciones placenteras, no así la parte más profunda que no es sensible al tacto.

La vagina puede albergar sin importar el tamaño del pene.

–SISTEMA REPRODUCTOR INTERNO FEMENINO–

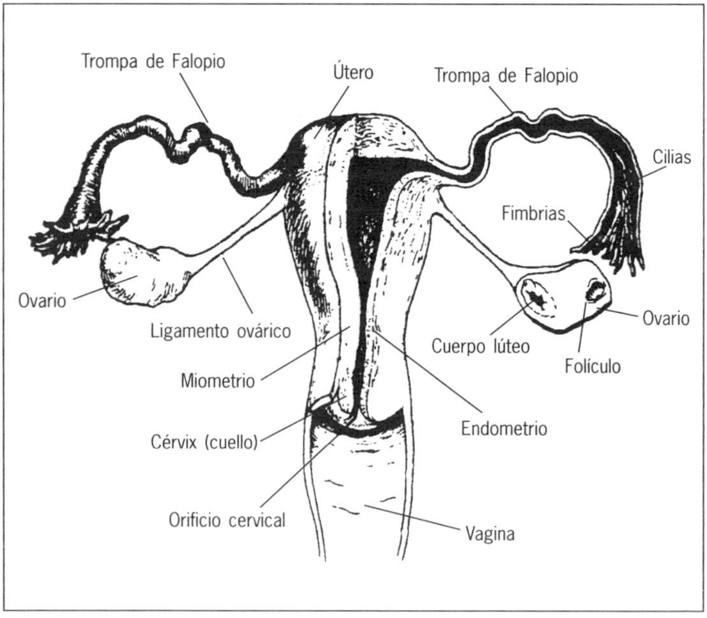

Figura 2

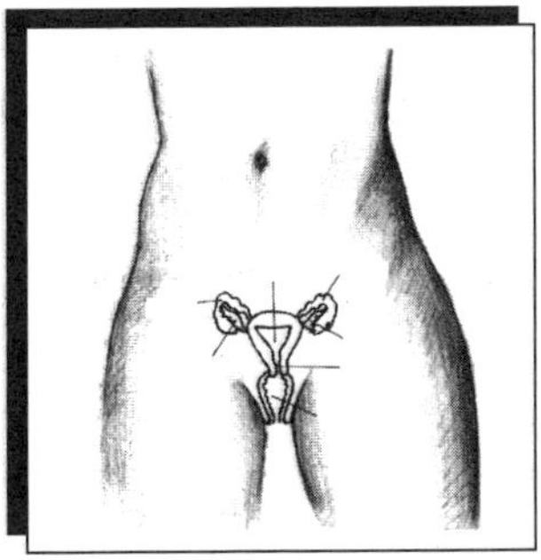

Los *genitales internos* son los reproductores, a saber:

1. Ovarios
2. Trompas de Falopio
3. Útero

Estos órganos se forman antes del nacimiento y comienzan a funcionar en la pubertad. La pubertad, pues, es un hecho biológico; es decir, que la entrada a la pubertad (entre los 11 y los 13 años) está marcada por un cambio biológico importante. Mientras que la adolescencia es un hecho cultural, ya que está marcada por las pautas y normas de cada cultura.

1. OVARIOS

Del latín *huevo*, son como los dos testículos. En la adolescencia la pituitaria da la señal a los ovarios para que comiencen a producir óvulos.

Generan los óvulos y las hormonas femeninas. Es como una almendra y su tamaño es de 3-4 cm de longitud, 2 cm de ancho y 1 de grosor.

En su superficie están los folículos; cada uno contiene un óvulo inmaduro y son más pequeños que el punto de una "i". Entrarían 2 millones en un dedal de costurera.

La niña al nacer tiene 200.000 óvulos en cada ovario. Sólo 400 llegarán a desarrollarse y liberarse a lo largo de toda la vida.

a. Óvulos

Si se liberan dos óvulos al mismo tiempo y son fertilizados pueden resultar mellizos (fraternos no idénticos). Los idénticos proceden de un solo huevo fertilizado que se ha dividido (se producen del mismo sexo).

Para madurar todos los óvulos que posee una mujer se necesitarían 1.000 años. Cada mes uno de estos óvulos madura dentro de los ovarios.

En la pubertad la niña tiene unos 50.000 de los 400.000 con que nace ya que muchos mueren en el tiempo. En el centro aparece el núcleo con los 23 cromosomas.

2. LAS TROMPAS DE FALOPIO

Son los canales por donde se conducen los huevos, hay dos trompas y cada una corresponde a los dos ovarios. Cada una tiene 10 cm de largo y su longitud es como la de un cable de teléfono. Allí también se encontrarán con el espermatozoide masculino.

Cada trompa no está unida directamente a los ovarios, si no que tiene una abertura tipo como la de trompeta, bordeada por flequillos en forma de dedos, que tiene un movimiento como el de barrer; así el óvulo es recibido por las trompas y conducido hacia el útero.

Útero

Tiene el tamaño de una pequeña pera y mide 5 cm de longitud. En el embarazo puede expandirse y albergar hasta 6 bebés.

El útero está compuesto de fibras musculares, músculos que jugarán un papel imprescindible en las contracciones para expeler al bebé.

La parte externa es de rojo claro

1. Cerviz

Es un órgano hueco en forma de pera cuyas paredes son musculares y gruesas. Es allí donde se aloja el óvulo fecundado y donde tendrá lugar el embarazo. Se comunica con la vagina a través del cuello. Esta abertura (la del cuello) permite la salida del líquido menstrual y el paso de los espermatozoides.

Es el cuello del útero, y forma la parte estrecha inferior del mismo. Casi la mitad de la cerviz se proyecta en la vagina. Es en la cerviz donde aparecen la mayor parte de los cánceres de los órganos femeninos, de allí que se recomiende un examen anual, el Papanicolau, etc.

b. Las hormonas

Son los estrógenos que se vierten directamente en la sangre y plasman los caracteres propios. Hacen madurar el óvulo y le dan influencia sobre su forma de ser. Hay cuatro hormonas:

1. Hormonas hipofisarias (gonadotropas)
   –La FSH o la gonadostimulina A
   –LH gonadostimulina B

2. Hormonas Ováricas
   –Los estrógenos
   –La progestetrona

Los ovarios desde el nacimiento generan estrógenos pero en la pubertad la cantidad será mucho mayor.

Bajo la influencia de los estrógenos aumentan las trompas de Falopio, el útero y la vagina (caracteres sexuales primarios).

Provocan también los caracteres sexuales secundarios: ensanchamiento de la pelvis, aparición de la piel blanca y suave, acumulación de grasa en las caderas y nalgas, crecimiento del vello.

Si se le suministran muchos más estrógenos al hombre se le iría la barba, la erección, eyaculación y aún el orgasmo y le crecerían los pechos.

c. Glándula pituitaria

Se encuentra debajo del cerebro cerca del centro de la cabeza. Envía sus señales químicas a través del torrente sanguíneo a otras partes del cuerpo. Estas señales son las famosas hormonas, que controlan entre otras el crecimiento de los huesos y del cuerpo. Incluso la pituitaria recibe señales del hipotálamo.

Las características primarias y secundarias. Son primarias justamente porque son decisivas en la determinación del sexo, mientras que las secundarias no.

Características secundarias:

–desarrollo de mamas en la mujer
–diferencias en la laringe y en la voz
–distinta estructura ósea
–distinta distribución del pelo (barba, axilas etc.)

A propósito de los pechos femeninos, podemos notar tambien distintas variaciones, todas ellas normales.

CORTE TRANSVERSAL DE LA MAMA

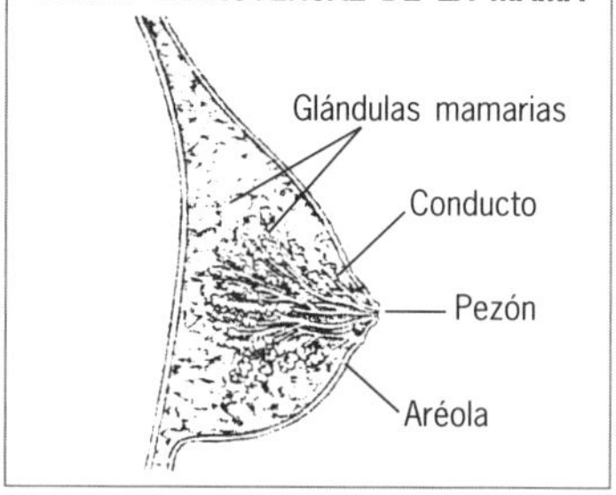

Figura 3

VARIACIONES EN EL ASPECTO DE LOS PECHOS FEMENINOS

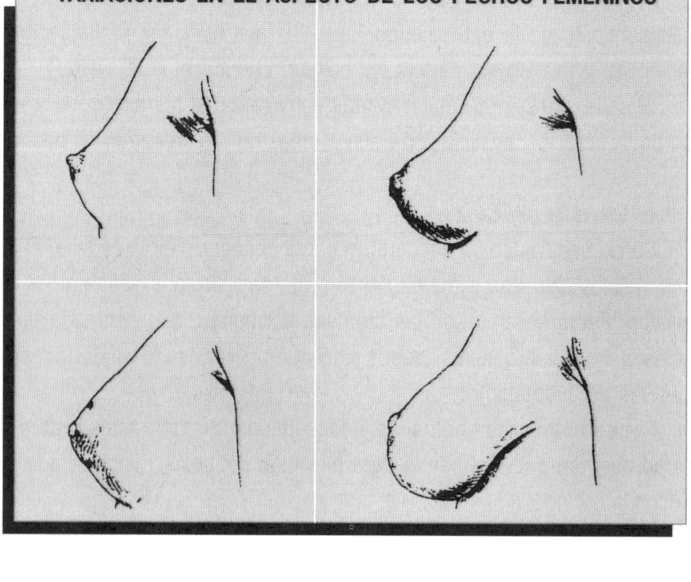

Figura 4

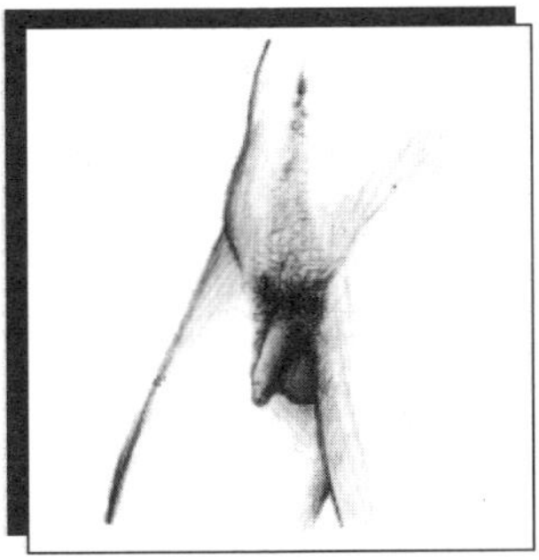

3. El aparato genital masculino

Está compuesto por:

–El pene
–Dos testículos
–Dos epidídimos
–Dos canales deferentes
–Dos vesículas seminales
–La próstata
–La uretra

–LOS GENITALES MASCULINOS–

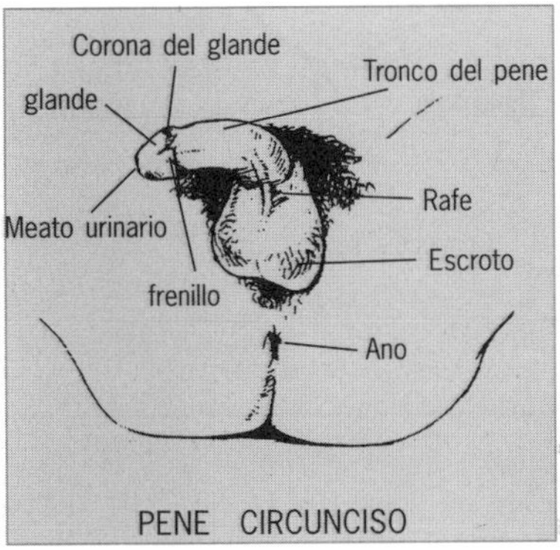

Figura 5

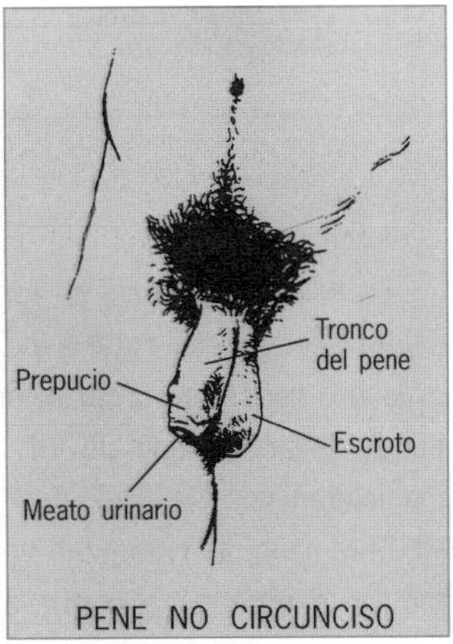

Figura 6

SISTEMA REPRODUCTOR MASCULINO INTERNO

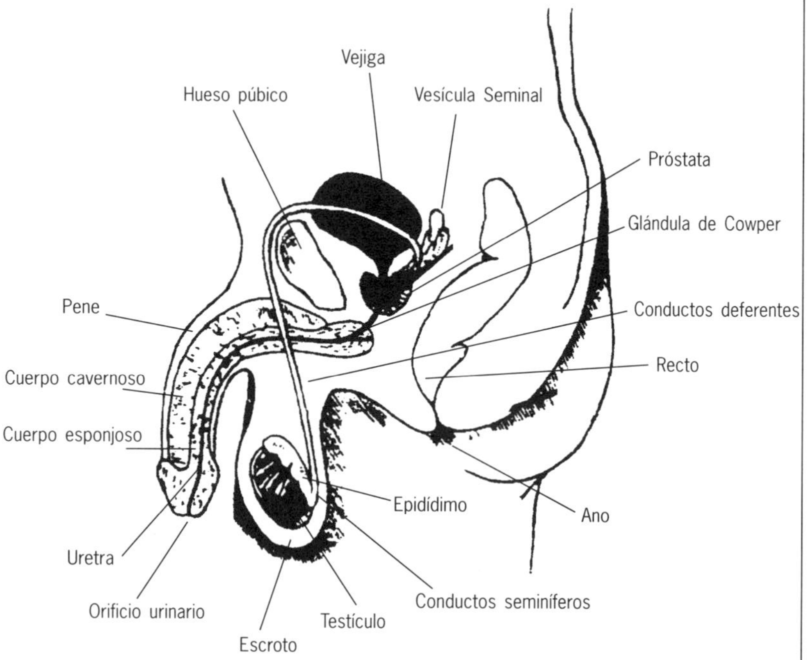

Figura 7

Pene

Es un órgano eréctil de forma cilindrocónica que en estado de flaccidez puede medir entre 8 y 10 cm y un diámetro de 3 cm. Puede ser grueso o fino, largo o corto, dependiendo del sujeto. En estado eréctil puede llegar a medir de 14 a 17 cm, 4 cm de diámetro y 12 de circunferencia.

El tamaño del cuerpo no tiene que ver con el tamaño del pene ni su tamaño debe estar asociado a la fuerza, masculinidad u hombría.

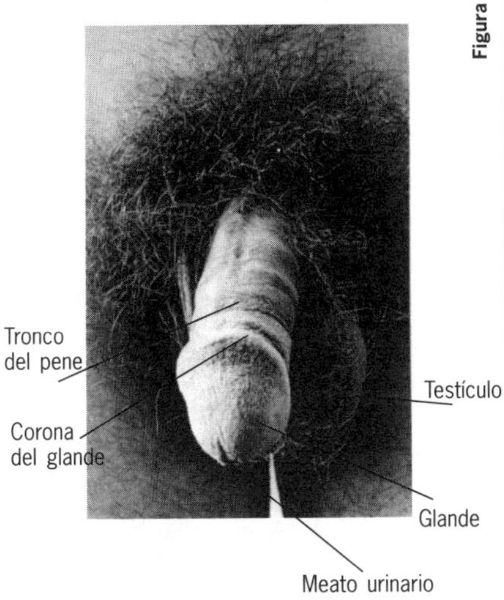

Figura 8

Las dos terceras partes del pene no son visibles y se hunden dentro de lo óseo.

El tamaño en flaccidez puede variar, aunque en el momento de la erección suelen tener un tamaño igual. El tamaño del pene no modifica en absoluto el placer que pueda sentir la pareja. Para muchos, el tamaño de su pene es una actitud de hombría, aunque sabemos que la masculinidad no tiene que ver con el tamaño de absolutamente ningún miembro de nuestro cuerpo.

También sabemos que el pene más grande no proporciona mayor placer a la mujer, ya que la vagina es un órgano elástico que se adapta al tamaño del pene. Hay la creencia de que a mayor pene mayor virilidad, por lo que poseer un pene pequeño puede esconder la mayoría de las veces sentimientos de inferioridad proyectados a su pene.

El pene cumple dos funciones básicas: el de la micción y el de la reproducción. Al estar fláccido puede transportar la orina para ser evacuada, cuando está erecto y duro puede penetrar en la vagina y depositar los espermatozoides.

El pene es un tubo de tejidos. Está compuesto de cuerpos cavernosos y el cuerpo esponjoso. Los cuerpos cavernosos son dos y terminan en un engrosamiento llamado glande; se llaman cavernosos porque están compuestos por pequeñas cavernas capaces de retener la sangre. El cuerpo esponjoso contiene y protege a la uretra.

DIBUJO ANATÓMICO DEL PENE

IMAGEN LONGITUDINAL
(sin la piel ni los recubrimientos)

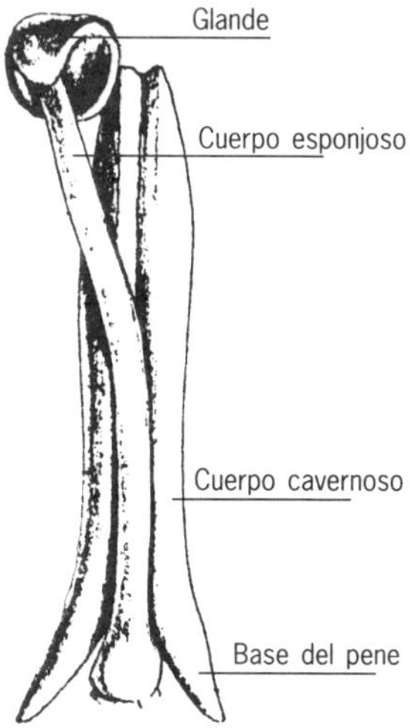

SECCIÓN TRANSVERSAL
(por la base del pene)

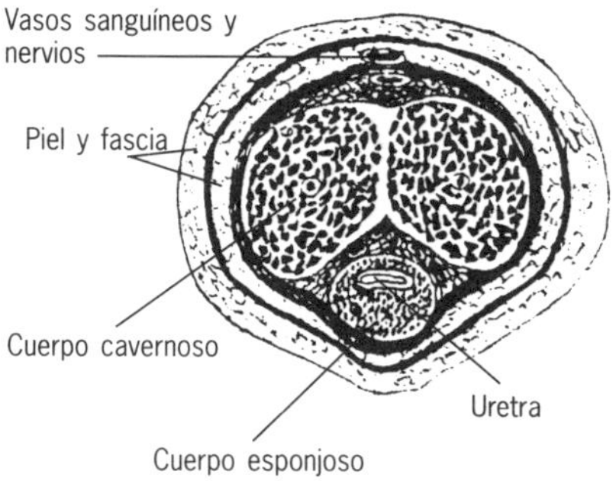

Figura 9

Estos tres cuerpos están rodeados y protegidos por la fascia de buck.

El tejido conectivo se compone por la piel y la fascia que envuelve y protege las estructuras interiores del pene.

La cabeza del pene se llama glande y es muy sensible al tocarla. Al nacer, el glande está cubierto con un pliegue de piel que se llama prepucio, justamente la circuncisión consiste en cortar una parte del prepucio.

Cuando el pene está fláccido, las cavernas y las arterias están vacías y cuando se produce la erección las arterias se dilatan y la válvulas de las venas se cierran. Son las arterias las que se cierran por contracción muscular involuntaria y las que llevan la sangre a las cavidades de los cuerpos cavernosos.

Para que se produzca el fenómeno de la erección se requiere que aumente el aporte de sangre a los cuerpos cavernosos y esponjosos. Se puede producir entre los 5 y 10 segundos nerviosos.

El pene tiene un sistema vascular de llegada: arterias; y un sistema vascular de salida o drenaje: venas.

Las arterias principales son:

–las cavernosas

—las dorsales

Las venas dorsales son:

–profunda

–superficial

También es importante señalar que tanto las emociones de bronca, resentimientos, miedo, vergüenza, etc. pueden interrumpir, inhibir rápidamente la erección y la capacidad erectiva.

El cuerpo esponjoso es una estructura blanda que envuelve la uretra, el conductor de la orina y el semen.

En su extremo está el glande, zona ultrasensible ya que es la que posee una cantidad mayor de nervios sensores.

La uretra es un pequeño tubo que lleva la orina desde la vejiga hasta la expulsión.

Reflejos nerviosos

Tiene un papel preponderante. El reflejo tiene un componente sensitivo (que lleva información a la médula) y un componente motor que desencadena una reacción muscular.

La erección se encuentra bajo el control del sistema nervioso autónomo del parasimpático.

El sistema nervioso está compuesto por:

Central
–cerebro: el área fundamental es el área límbica
–médula espinal: hay centros individuales allí
Periférico
–simpático: es el estado de alerta de lucha
–parasimpático: es el de la joda, la relajación

La reacción bifásica de H. Kaplan

Vagotónica	Simpaticotónica
Parasimpático	Simpático
Núcleo anterior del hipot.	Adrenalina
rige la función sexual	*rige la función de defensa*
erección	eyaculación
lubricación vaginal	orgasmo femenino
vasocongestión	*vasocontricción*
predominio sensorial	predominio motor
facilita la confianza	prepara la respuesta
rubor, secreción	palidez, sudor frío
Abandono	*Stress*
LIGADA A LA CONSERVACIÓN DE LA ESPECIE	*LIGADA A LA CONSERVACIÓN DEL INDIVIDUO*

Este reflejo se activa cuando los genitales son estimulados físicamente y envían impulsos a la médula, los cuales a través de los nervios parasimpáticos dan la orden de «abrir» las arterias.

La erección puede ocurrir sin que exista estimulación física.

El escroto

También llamadas bolsas, tienen una longitud de 8 a 10 cm. Su función es la de contener a los testículos y regular la temperatura.

El semen no suele producirse a la temperatura corporal, de ahí que los músculos se contraen y acercan los testículos al cuerpo para aumentar la temperatura y bajan los testículos separándolos del cuerpo reduciendo así la temperatura (en estado de flaccidez). El semen se produce cuando la temperatura en los testículos es de 1,5 a 2° C inferior a la temperatura corporal.

Gónada es el nombre genérico de las glándulas sexuales. Los testículos son las gónadas masculinas y los ovarios las femeninas.

2. LOS TESTÍCULOS

Son dos y se encuentran entre los muslos, en una bolsa de piel llamada escroto. Las gónadas son las encargadas de producir las células reproductoras: espermatozoides y óvulos. Éstos trabajan de día y de noche y producen los espermatozoides, así como una hormona llamada testosterona.

El tamaño de los testículos varía de persona a persona, pero tienen alrededor de 4 cm de longitud y 2,5 cm de diámetro.

El izquierdo suele pender más que el derecho por pesar más.

En el momento de excitación, el escroto se contrae en forma refleja para levantar los testículos. El escroto actúa regulando la temperatura de los testículos, la cual a su vez regula la producción de los espermatozoides. Al contraerse el escroto, acerca los testículos a la temperatura del cuerpo.

Si hiciécemos un corte vertical en los testículos podríamos comprobar que están compuestos de compartimientos que tienen de 1 a 3 tubos seminíferos, y es allí donde se producen los espermatozoides. Estos tubos están todos aprisionados, ya que puestos unos tras otros llegarían a alcanzar un kilómetro y medio. Éstos crean millones de espermatozoides, esto desde la pubertad hasta la vejez.

Se ha calculado que un hombre puede producir en su vida hasta un billón de espermatozoides.

3. EL EPIDÍDIMO

La cola del epidídimo gira sobre sí misma en el extremo inferior del testículo y se transforma en conducto deferente.

Es decir, está insertada en cada testículo (mide aproximadamente 6 m de longitud y se encuentra enrollada).

Una vez elaborados los espermatozoides se ponen en marcha durante 10 a 30 días a través del epididimo, que actuaría como una especie de incubadora o cámara de maduración; es allí donde alcanza su total maduración. Los espermatozoides peor dotados y menos aptos mueren allí y son reabsorbidos. La porción inferior se transforma en conducto deferente.

4. CANALES DEFERENTES

Cada epidídimo tiene salida por un canal denominado conducto deferente. Éste mide unos 46 cm, allí se almacenará el esperma. Son transportados los espermatozoides en un largo viaje hacia las vesículas seminales donde se almacenarán.

5. VESÍCULAS SEMINALES

Allí se almacenarán los espermatozoides listos para ser utilizados. Como dijimos, estas vesículas son glándulas en forma de saco que segregan un líquido amarillo viscoso para que los espermatozoides se puedan movilizar; esta sustancia activaría los movimientos de la cola y sirven de vehículo a los espermatozoides por la vagina hasta las trompas de Falopio.

6. LA PRÓSTATA

Esta es una de las glándulas importantes, de color gris, lisa y elástica del tamaño de una castaña; pesa alrededor de 20 g. está ubicada por debajo de la vejiga y junto con las vesículas seminales segrega un líquido muy alcalino, lechoso que contiene proteínas, calcio, colesterol etc., para posibilitar la marcha de los espermatozoides. Allí los espermatozoides navegan seguros de su vitalidad y supervivencia.

Los espermatozoides, pues, no vienen preparados, y a medida que salen se almacenan en el epidídimo y se perfeccionan. El último perfeccionamiento lo da la próstata (para que los espermatozoides resbalen) y es la que saca el líquido lubricante preeyaculación.

Próstata: líquido previo lubricación de espermas

ÓRGANOS GENITALES Y REPRODUCTORES MASCULINOS

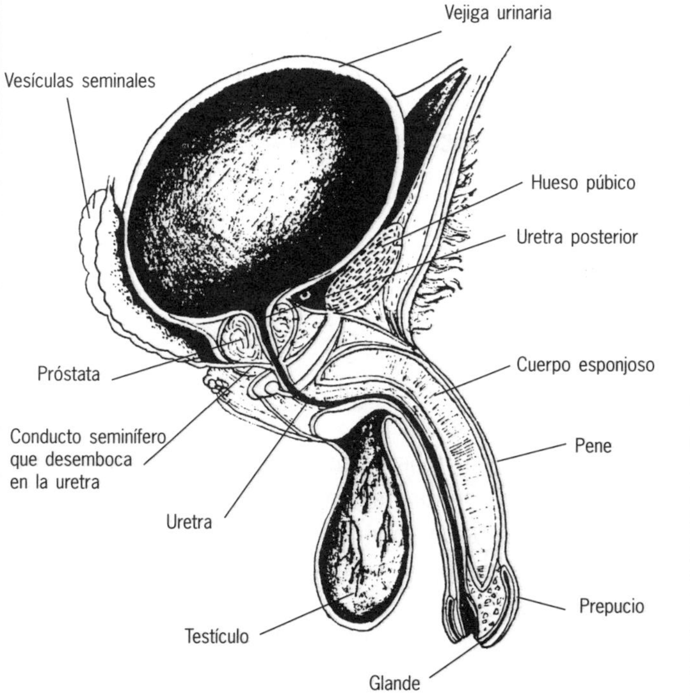

Figura 10

Glándulas de Cowper

También llamadas glándulas bulbouretrales, están situadas en la base del pene y rodean a la uretra por debajo de la próstata . Emiten un líquido gelatinoso antes de la eyaculación que neutraliza la acidez de la uretra provocada por el paso de la orina (pueden contener algunos espermatozoides).

El famoso líquido segregado antes de la eyaculación ha hecho creer a muchos en que son «eyaculadores precoces». Su función es alcalinizar la uretra, ya que por la uretra pasa la orina y podría destruir los espermatozoides. Es un válido argumento para reconocer que el método coito interrumpido, además de ser nocivo emocionalmente, tiene posibilidades de embarazo.

Parte de su secreción se elimina con la orina; en muchos hombres al pasar los 50 es posible que aumente de tamaño, lo cual bloquea el flujo de la orina a partir de la vejiga, de allí la conocida operación de prostatectomía (eliminación de la próstata). Al producirse la eyaculación el semen va hacia la vejiga, aunque el placer no se ha modificado.

La prostatitis es el daño producido en la próstata, dolor al orinar, presión pélvica, etc.

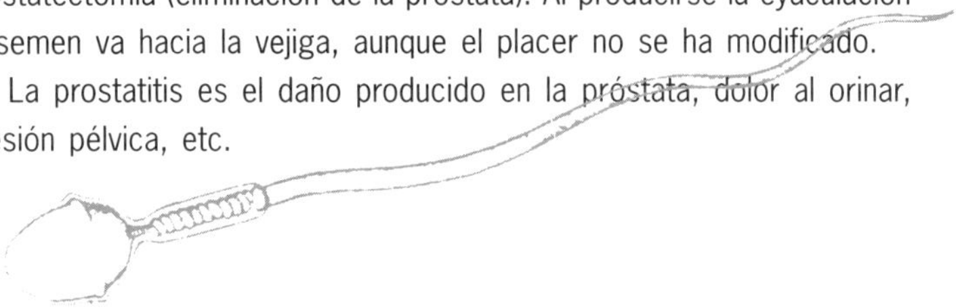

Espermatozoides

Son células reproductoras que pueden ser masculinas (espermatozoides), o femeninas (óvulos).

Los espermatozoides suben desde los testículos por los tubos llamados conductos seminíferos y se almacenan allí hasta el momento del orgasmo (el tejido situado entre los tubos seminíferos segregan la tetosterona). Cerca de allí se encuentran las vesículas seminales y la próstata, que segregan unos fluidos, además de las secreciones del epidídimo y glándulas de Cowper que, con los espermatozoides, forman el semen.

El espermatozoide mide 5 centésimas de milímetro (85.000 veces menor que el óvulo). Hay de 40 a 80 millones de espermatozoides por centímetro cúbico de semen, o sea de 200 a 600 millones en una eyaculación.

Cada eyaculación contiene 4 ml de semen (una cucharada de té) y su valor calórico es de 36 calorías (equivale a un terrón de azúcar), por lo tanto no «debilita» a ningún hombre, ni a los deportistas.

ESPERMATOZOIDE

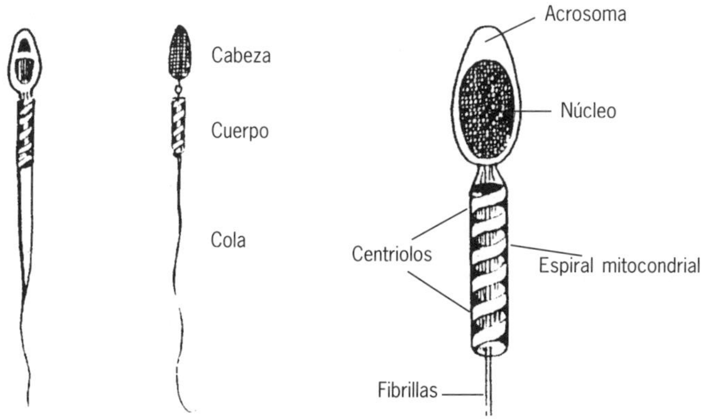

Figura 11

Se pueden diferenciar 3 partes: la cabeza que contiene el núcleo (allí se encuentran todos los caracteres hereditarios que el padre aporta), el cuerpo y la cola, la cual utiliza para nadar facilitando la unión del espermatozoide con el óvulo, el cual al ser liberado nada 1 a 3 mm por minuto (equivale a lo que nadaría un hombre 100 m. por minuto).

El espermatozoide huye de la acidez y del calor por eso nada y se desplaza de la vagina con rapidez. No todos los espermatozoides son así, muchos son defectuosos con dos colas, dos cabezas etc. Sólo los mejores llegarán al óvulo.

Los espermatozoides son formados desde la pubertad hasta la muerte.

Semen

El líquido seminal está compuesto por los espermatozoides y secreciones del epidídimo, vesículas seminales, próstata y glándulas de Cowper. El componente principal de estas son un líquido seminal y un azúcar simple que proporciona nutrición al semen. En ciertas ocasiones el líquido es espeso y gelatinoso y en otras es claro y acuoso.

La eyaculación se produce en 3 o 4 golpes de 0,7 seg.

Espermatogénesis

El sexo es heredado, y son los cromosomas los que fijan nuesto sexo. Si es XX es hembra y si es XY, varón.

En todas las células tienen un conjunto de cromosomas XX (las mujeres) y XY los varones.

El proceso, dijimos, comienza en la pubertad mediante un desarrollo de división. Cada espermatogonia se divide y provoca dos células hijas con 46 cromosomas cada una. Una de ellas se transforma por división, en dos espermatocitos secundarios con 23 cromosomas cada una; 22 de estos cromosomas son autosomas (o cromosomas no sexuales) y uno es un cromosoma «X» o «Y» (que son los cromosomas sexuales) y que unido al cromosoma «X» que contiene el óvulo produce embriones varones o mujeres.

El espermatozoide «Y» es diferente al «X»; el primero tiene la cabeza más grande, la cola más larga y el «X» tiene la cabeza más ovalada. Se producen cantidades iguales de espermatozoides «X» e «Y».

Las hormonas

La glándula hipófisis es la encargada de producir varias hormonas (hormona es una palabra griega que significa estímulo o «yo llevo»).

Las hormonas son sustancias químicas que se forman en determinados órganos (glándulas) y pasan al aparato circulatorio disueltas en la sangre para actuar sobre diversos tejidos.

Las hormonas importants son FSH (hormona estimulante del folículo que estimula la espermatogénesis), LH (hormona luteinizante que estimula la producción de testosterona por el testículo) y la prolactina (que estimula en la mujer la secreción de leche después del parto).

Las hormonas producidas por el testículo son dos: la androsterona y la testosterona.

La hipófisis segrega estímulos para el funcionamiento del páncreas, tiroides, suprarrenales, testículos en el hombre y ovarios en la mujer. Pero tengamos en cuenta que el verdadero control sexual es producido por el cerebro; éste activa o frena los estímulos sexuales, multiplica el goce, puede crear conflictos sexuales, etc.

El hombre mira el pene y cree que lo puede manejar como maneja sus brazos, piernas, pero esto es falso, ya que depende del sistema nervioso neurovegetativo. Es en la pubertad cuando el hipotálamo pone en funcionamiento la mayor producción de hormonas masculinas.

En el adulto la testosterona es producida, en el 95%, por los testículos, y el 5 % por las suprarrenales. La FSH hace crecer los testículos. La testosterona es la responsable de la aparición de las características sexuales secundarias y del deseo sexual (el exceso de ésta no aumenta el deseo sexual y es difícil que existan complicaciones hormonales en el hombre y que requieran el uso de hormonas para corregirlos)

Capítulo 4

EL CUERPO

«La dimensión desconocida»

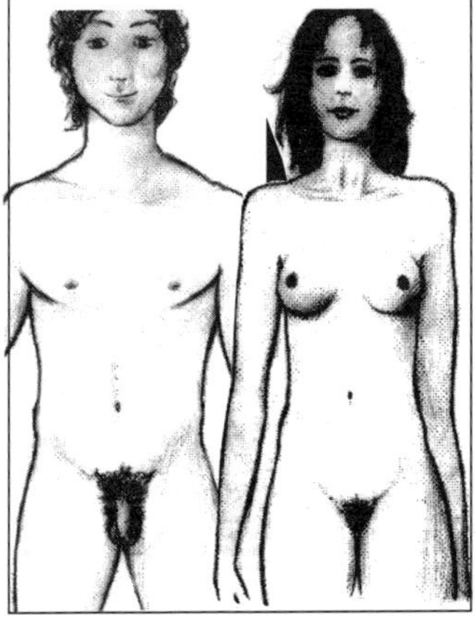

1. Introducción

El cuerpo (en realidad toda la persona) juega un papel muy importante en la sexualidad, por eso le dedicamos un capítulo lleno de ejercicios para que cada pareja los realice.

Nos comunicamos a través de las palabras, pero también a través del cuerpo. Nuestra comunicación puede ser verbal, es decir a través de las palabras, pero existe un aspecto «analógico» de la comunicación, el cuerpo habla, piensa y expresa.

Alguien ha dicho con certeza que el cuerpo no miente y Freud decía:

> «Quien tiene ojos para ver y orejas para escuchar constata que los mortales no pueden ocultar ningún secreto. Aquel cuyos labios se callan, habla con la punta de sus dedos.»

Es fácil mentir con las palabras, pero no tanto con nuestras actitudes corporales. Un «te quiero» y una mirada hacia otro lado, o un «te escucho» mientras se lee el diario, o «que alegría verte» con rostro rígido e inmóvil da cuenta de lo que estamos diciendo.

2. El cuerpo y la personalidad [1]

a. *Definición de personalidad*

Cuando hablamos de «individuo» estamos refiriéndonos a todo el ser humano; a su totalidad orgánica, psicológica y espiritual (aunque el término más exacto sería «intrivitrio» y no individuo). El ser humano aparece en el mundo como una unidad única e indivisible que se diferencia de los demás seres humanos.

Cuando pensamos en el hombre en términos de «organismo» se está pensando en éste como un ser viviente en sus aspectos fisiológicos y fisicoquímicos, como un conjunto de órganos.

Cuando hablamos de «persona» nos referimos a la totalidad del ser humano en tanto persona consciente de sí misma que asume sus propios roles y status.

Ahora bien, cuando hablamos o intentamos ver al ser humano en su «personalidad» también estamos refiriéndonos a la totalidad del ser humano, pero acentuando sus aspectos psicológicos y sociales estudiados a través de la conducta.

Personalidad, deriva de la palabra latina *persona*, que se deriva del verbo *personare* que significa «sonar a través de». También está asociado al vocablo griego *prosopon*, que significa «rostro», «figura», «máscara» (asignado a la máscara que cubría al actor en el teatro en la antigüedad; esto significaba el rol que el sujeto asumía en el drama griego que ellos representaban). Este concepto de máscara se asoció con el concepto de personalidad, algunos creen que la palabra hacía referencia a un tipo de megáfono colocado en la máscara del actor.

La personalidad puede ser definida desde múltiples lugares, como desde la biología, la filosofía, la psicología, etc.

---

1. Para profundizar este aspecto se puede ver lo que hemos escrito en el capítulo sobre «Teorías de la personalidad» en el libro *Aconsejamiento Pastoral*. Barcelona: CLIE, 1995.

El conocido autor Gordon Allport en su libro *Psicología de la personalidad* enumera hasta cincuenta definiciones sobre la personalidad y la persona dadas por diferentes autores desde diferentes perspectivas.

Desde estas disciplinas podemos enumerar tres aspectos básicos que integran el concepto general de personalidad.

Uno es el de la «totalidad», es decir que personalidad abarca un grupo de elementos, un conglomerado de procesos.

El segundo es el de la «individualidad», es decir que cada personalidad posee una originalidad que le es propia a pesar de sus similitudes con otros tipos de personalidades.

Y el tercer concepto es el de la «continuidad», que implica que el tipo de estructura tiene una cierta permanencia a lo largo de las situaciones vitales y a lo largo de la vida.

3. Clasificaciones psicológicas-corporales de la personalidad

Entendemos por «tipo» o «estructura» de personalidad a una categoría teórica constituida por una combinación de rasgos o características comunes compartidas por un cierto número de personas. Estos rasgos son de carácter persistente y constante en el ser humano; como por ejemplo podrían ser la honestidad, el pesimismo, la dependencia, etc. Así, podemos tener una estructura de personalidad con rasgos positivos y sanos o por lo contrario una estructura de personalidad plagada de rasgos y características enfermas. Estas estructuras de personalidad son las que deseamos estudiar en el presente escrito.

Toda construcción teórica tiene sus ventajas pero también su peligros, y uno de esos peligros es *encasillar* a todas las personas bajo un rótulo que lo marque y lo petrifique para toda la vida. De esta forma se pierde de vista que la estructura puede ser modificable y que sus rasgos tienen variaciones continuas y que a veces los límites son difíciles de marcar.

Señalados estos peligros (más algunos otros que existen), creemos que no invalidan la clasificación tipológica de las estructuras de personalidad (especialmente las patológicas, reconocidas y aceptadas por la Organización Mundial de la Salud). Ya desde la antigüedad, como dijimos, las clasificaciones científicas comienzan a aparecer; antropólogos, filósofos, psicólogos y psiquiatras fueron quienes se interesaron al respecto. En la jerga de la imprenta se usa la palabra «estereotipo» aludiendo al hecho de hacer estable una página de caracteres móviles por medio del vaciado. Es un conjunto estable que sustituye una composición móvil; ejemplo: «Estimado señor».

En psicología «estereotipo» se relaciona con las conductas que se repiten y son rígidas y estables; siempre teniendo en cuenta que muchos tipos de personas no responden a «estereotipos». Los estudiosos vieron que así como existían estereotipos de personalidad, es decir, personas que actuaban, pensaban y sentían siempre de la misma forma, se vio que también existen estereotipos corporales.

Dentro de la historia psicológica hubo varios intentos de clasificar el estereotipo corporal; veamos algunos.

a. *Hipócrates (v a.C.)*

Con su clásica teoría de «los humores». Éste diferenciaba cuatro temperamentos determinados por el predominio respectivo de uno u otro; éstos son: el temperamento *sanguíneo* (predomina la sangre), son vivaces y entusiastas; el *colérico* (predomina la bilis) es irascible y explosivo; el *melancólico* (la bilis negra) es tranquilo y tiende a la depresión, y el *flemático* (la linfa) tiende a la apatía.

A su vez éstos pueden ser combinados como:

b. *Ernert Kretschmer*

Éste realizó la tipología morfopsicológica más completa que tenemos hasta el día de hoy. En su libro *Estructura corporal y carácter*, escrito en 1925, distingue cuatro tipos corporales principales:

El pícnico: que predomina las medidas circulares (gordura), rostro ancho, extremidades cortas, piel lisa. Temperalmente estas personas son alegres y bonachonas, predominan por su constitución pícnica, el temperamento ciclotímico. Sus sentimientos son cálidos pero su humor es variable. Su humor oscila entre alegría-tristeza.

El asténico o el «delgado»: presenta escaso espesor en todo su cuerpo, hombros estrechos, tórax largo y miembros delgados con poco desarrollo de sus músculos. Su temperamento predominante es la esquizotimia, es decir poco sociables, se muestran fríos y distantes de todo lo que sucede, siendo también hipersensibles. Su humor oscila entre frialdad-ternura.

El atlético: muestra un gran desarrollo óseo y muscular, cabeza alargada, espalda ancha. Su temperamento oscila entre la explosividad y la irritabilidad. Correctamente señala Aida Kogan que estos sujetos poseen «pegajosidad tranquila con cierta explosividad». Su humor oscila entre explosividad-viscosidad.

El displásico: son atípicos y constituyen variantes de los tres tipos anteriores.

Así estos autores encuentran una estrecha relación entre «cuerpo» y «personalidad».

Las tendencias hacia la psicopatología en dichas personas serían:

Tipo Corporal	Personalidad
Pícnico (gordura)	Tiende hacia lo ciclotímico
Asténico (delgadez)	Tiende hacia lo esquizoide
Atlético (musculatura)	Tiende hacia lo epiléptico
Displásico (variante)	Tiende hacia lo epiléptico

c. Los médicos franceses *Liones Sigaud* (1914) y *Tissot* (1935) dieron la preponderancia sobre uno de los cuatro sistemas fisiológicos y su repercusión sobre el carácter.

El tubo digestivo: utiliza la nutrición, prevalece el abdomen, dando silueta de pera al cuerpo. Los digestivos tiene grandes apetitos, gustos concretos y jovialidad.

El respiratorio: privilegia sus pulmones, tiene el tórax bien desarrollado, tienen energía y vitalidad.

El muscular: tiene una silueta rectangular, miembros largos y velludos; es plácido y conciliador.

El cerebral: centrado en el cerebro y la excitabilidad.

4. La imagen corporal

Todos tenemos alguna forma de percibir nuestro cuerpo. La imagen es la representación que nos formamos del propio cuerpo. Las experiencias pasadas y presentes forman en nosotros los esquemas para formar nuestra imagen que es dinámica y cambiante con el devenir del tiempo.

Existe en nosotros el deseo de mirar nuestro cuerpo y de explorarlo, de tocarlo, asimismo el deseo de mirar el cuerpo del otro también. La curiosidad aparece en todo ser humano; quienes hacen moda saben de esto. Los elementos con los que «adornamos» nuestro cuerpo se transforman en una extensión del mismo, un sombrero, una joya, etc. Es tan intenso esto que incluso modifica nuestra imagen corporal.

Hace falta descubrir que nuestro cuerpo está y que somos cuerpo, aprender a usarlo plenamene desde su función creadora y lograr la exteriorización de sentimientos, afectos e ideas.

La importancia del contacto físico es impresionante; el cuerpo tiene memoria y habla, pide, siente; cuando un persona necesita ser tocada, o acariciada el cuerpo lo dice y bien fuerte. Muchos nacen muertos físicamente y a lo largo de sus vidas intentan resucitar su cuerpo.

Los hijos conocen la necesidad de soportes físicos y que esta carencia de soportes será vista como tensión o inseguridad.

No tenemos cuerpo, somos cuerpo; la postura, el calor, la voz, la mirada todo es cuepro y es espíritu.

La idea de la sexualidad tiene mucho que ver sobre la idea del cuerpo que tenemos; podemos decir muchas cosas sobre la sexualidad, pero la actitud de nuestro cuerpo expresará lo que verdaderamente sentimos y pensamos.

El ser tocado ayuda a configurar la imagen del esquema corporal. Los que ejercen psicología corporal nos dicen que el movimiento es un gran factor unificador de nuestra imagen corporal y de nuestro cuerpo. Cuando el cuerpo se encuentra inmóvil logramos percepciones distorsionadas del mismo; en el movimiento aumenta el verdadero conocimiento.

Para muchos el «cuerpo del delito» sigue siendo el cuerpo físico, cuerpo que para muchos ha sido torturado o censurado.

Los cuerpos deben ser tocados para que tengan vida. Los contactos son indispensables para la vida. La palpación hace del niño su esquema corporal. El niño explora todo su cuerpo para conocerse y así también va formando lentamente su imagen corporal.

El conocido Bowlby señala que los niños que no tenían contactos con su madre presentaban retrasos en el lenguaje, en el aprendizaje. No en vano el psicoanálisis sostiene que la rigidez muscular es una expresión simbólica de rechazo.

Ejercicio

7 – Dibuja tu cuerpo:

Vestido	***Desnudo***

Completar:

Yo siento que mi cuerpo es ______________________________

____

____

Las partes de mi cuerpo que más me gustan son ____________

____

La parte de mi cuerpo que más me disgusta es ______________

____

¿Por qué? ____

____

Escribe una carta a tus zonas feas, ponle un título y todos tus sentimientos:

____

____

____

____

____

5. Distorsiones del esquema corporal

Las que más se observan en la consulta pastoral y profesional son tres. Las hemos visto «nacer» de los mensajes de nuestra cultura pero también de una teología distorsionada, pecaminosa y errada. Una sana y correcta teología ayudará a desterrar tales actitudes.

a. *Miedo al cuerpo*

Cada vez más vemos en la práctica pastoral lo que se conoce como fobia sexual, donde la persona en forma persistente siente profundo malestar al ser tocada o tocar el cuerpo del otro. Esto es evitado buscando las excusas más frecuentes e insólitas que sean necesarias. Esta aversión puede ser a los genitales, al beso, al contacto, a la penetración, al orgasmo, a desvestirse, etc.

Desgraciadamente muchas de estas fobias «aparecen con sorpresa» en la luna de miel.

Algunos llegan a sentir repulsión, náuseas y angustia hasta llegar al vómito.

b. *Vergüenza al cuerpo*

Otras personas sin llegar a la fobia sienten profunda vergüenza de mostrar ciertas partes de su cuerpo. Creen que allí está el asiento de los «peores pecados carnales». Si pudiesen sacarse ciertas partes del cuerpo lo harían por la culpa que sienten. Todo es cubierto y abandonado.

Se sigue sosteniendo el antiguo antagonismo gnóstico sin saberlo. Creen que el cuerpo y el sexo son sólo para la reproducción.

Cuando se llega a la intimidad del propio cuerpo, entonces se puede llegar a la intimidad del otro cuerpo.

Las personas que sienten vergüenza por su cuerpo están a la defensiva.

c. *Exaltación del cuerpo*

Totalmente contrario al ítem anterior, la persona vive por y para su cuerpo. La búsqueda del «cuerpo ideal» obviamente inexistente, llega a tener grandes distorsiones de su esquema corporal. La anorexia (pérdida del apetito) y la bulimia (deseo atroz de comer) son las patologías más frecuentes en nuestro continente en lo que hace a la enfermedad de los adolescentes. En la anorexia, por ejemplo, la persona se «siente y se ve gorda» aunque esté pesando 40 kilos; esta enfermedad sin tratamiento lleva directo a la muerte.

La «magnificación del cuerpo» del «cuerpo perfecto» en nuestra sociedad ha hecho sentir a más de una chica asco y repulsión por el propio cuerpo, en lucha diaria consigo misma y evitando así todo contacto corporal.

Ejercicios

8 – Anota qué mensajes, recibiste de tu cuerpo cuando eras chico, tanto positivos como negativos:

____

____

____

Mis modelos de belleza son ______________________________

Señala cuál es la parte más sexual de tu cuerpo ______________

¿Qué parte de tu cuerpo es la más útil para ti? ______________

¿Qué parte de tu cuerpo es la que te da más vergüenza?

____

¿De qué manera podrías hacer mejor las paces con tu cuerpo?

____

9 – Con una frase describe tus sentimientos de las siguientes partes de tu cuerpo

Mi cara ______________________________________
Mi cuello _____________________________________
Mis pechos ____________________________________
Mis brazos ____________________________________
Mi cintura ____________________________________
Mis manos ____________________________________
Mis genitales __________________________________
Mi pene ______________________________________
Mi vagina _____________________________________
Mi clítoris ____________________________________
Mis piernas ___________________________________
Mis caderas ___________________________________
Mis muslos ____________________________________
Mis pies ______________________________________
Mis dedos de los pies ___________________________

6. El cuerpo y la sexualidad

La OMS en 1974 definía salud sexual como:

> «La integración de los aspectos somáticos, afectivos, intelectuales y sociales del ente sexuado, de manera que se llegue a un enriquecimiento y a un desarrollo completo de la personalidad humana, de la comunicación y del amor.»

Los mandatos erróneos de que el cuerpo es «el asiento de la carne», «el cuerpo no sirve, ya que lo más importante es ser espirituales», más todos los mensajes culpógenos, erróneos de nuestra infancia han hecho que muchas parejas tengan grandes dificultades en su sexualidad.

Por eso, en nuestras iglesias existe tan poca intimidad corporal. Hay parejas que han perdido «el toque», «el beso», «la caricia». Muchas mujeres al ser tocadas en el hombro ya lo interpretan como sinónimo de coito: «no querido, hoy no tengo ganas», «¡otra vez...!». Todo toque se ha genitalizado, por eso lo mejor es evitarlo, y así nuestra intimidad corporal se ha perdido.

Parejas que nunca se han bañado juntas, ¡nunca se han visto desnudas!, nunca se han acariciado, sólo se tocan para tener relaciones sexuales...

Cantar de los cantares redescubre la intimidad del cuerpo en la pareja (1.1-3, 2.1-6, 4.1-8, 5.10-16, etc.). Los protagonistas aparecen como una pareja que se toca, se mira, se desea. ¡Basta con leer los versículos 3 al 6 del capítulo 2!

El conocido antropólogo Edward Hall en 1966 en su libro *La dimensión oculta* identificó 4 tipos de distancias corporales:

La distancia íntima (0 a 40 cm)

Los sentidos que sobresalen son el olfato y el tacto. Se perciben los olores corporales y el calor del cuerpo del otro. Es la distancia de la relación maternal y amorosa, es también la distancia del amor, de la pareja en la intimidad, de la sexualidad.

La distancia personal (40 a 1,20 m)

Es la distancia social, del saludo, el sentido que sobresale es la vista. Uno puede ver al otro en casi todo su cuerpo, pero no percibir los olores corporales, se habla en voz baja y se perciben ciertos detalles del rostro.

La distancia social (1,20 a 3,60 m)

Es la distancia comercial y profesional que impide tocarse. La voz sobresale y se observa a toda la persona.

La distancia pública (más de 3,60 m)

Es la del predicador, del actor, del conferencista del público. Prevalece lo formal. La voz es más fuerte, el cuerpo pierde su volumen y se percibe la totalidad.

Un investigador llamado A. Kinzrel investigó a dos grupos de prisioneros: los condenados por violencia y los condenados por otros motivos (robo, estafa, etc.). Cada prisionero estaba en una habitación vacía y el investigador se aproximaba lentamente para hablar; el prisionero debía gritar «alto» cuando el otro estaba demasiado cerca. Los prisioneros por violencia tenían una distancia de protección del doble de los otros, se sentían invadidos más rápidamente y más amenazados. Su territorio íntimo era el doble más amplio que el de los demás.

Ejercicios

10 – Tómese unos 10 minutos para observarse desnudo, mire bien sus genitales y compruebe qué sensaciones le despiertan.

____

____

____

11 – Tómese unos 10 minutos y obsérvese completamente desnudo, mire cada parte de su cuerpo y compruebe sus sensaciones.

____

____

12 – La pareja debe desnudarse en un lugar íntimo y disponer de por lo menos 1 hora. Uno de los dos comenzará a masajear y acariciar al otro por lo menos durante 20 minutos.

El que es masajeado solamente percibirá las caricias y el placer recibido, diciéndole cómo y dónde le gusta más ser tocado, en qué forma, velocidad y presión.

Se puede utilizar alguna crema o aceite en todo el cuerpo, especialmente donde el masajeado lo solicite.

No se deben tocar las zonas genitales, ni tener relación sexual. La finalidad de este ejercicio es redescubrir la intimidad de los cuerpos y el contacto corporal desgenitalizado.

Luego se cambia de rol, el que fue receptor se convertirá en dador, diciéndole dónde y cómo le gusta ser acariciado.

7. El cuerpo en la Biblia

A lo largo de muchos años nuestra teología careció de cuerpo; era «salvar las almas», ser «espirituales», «crecer en el espíritu», etc. Parecía que el Espíritu Santo moraba solamente en nuestro espíritu (¡y si moraba en el cuerpo era solamente hasta la cintura!).

Mover el cuerpo o cuidarlo era sinónimo de «carnal», «corporal».

La Biblia no conoce el dualismo que hacemos nosotros entre cuerpo y alma; el hombre aparece como una unidad indivisible. Mirémoslo más detenidamente.

a. *El cuerpo en el Antiguo Testamento*

Es imposible y escapa a nuestra finalidad hacer un desarrollo exhaustivo de la antropología bíblica, en especial de la concepción teológica del cuerpo. Sin embargo, haremos un rápido desarrollo sobre las ideas más importantes que nos sirvan para nuestra praxis pastoral.

El término más importante en el A.T. es el de «basar», cuyo significado más exacto sería «carne». Serán los griegos quienes distinguirán dos palabras «sarx» y «soma».

Dice Robinson:

> «Que de casi las ochenta partes del cuerpo citadas en el A.T., no existe ninguna palabra para el conjunto. Casi todas sus partes pueden servir para representar el todo, ya que las funciones de la personalidad se ejercen por medio de una enorme variedad de órganos, sean físicos o psíquicos, indiferentemente.»

Por ejemplo son nombrados: cabeza (Josué 2:19), rostro (Isaías 50:7, Job 29:24), boca, carne (Salmos 145:21), ojo (Salmos 38:11), huesos (Salmos 38:4), brazo (Salmos 137:5), mano (Salmos 89:26), rodilla (Isaías 45:23), pies (Salmos 40:13), etc.

No poseemos cuerpo, somos cuerpo, y la imagen que tenían los hebreos era la de un cuerpo animado y no un alma encarnada.

El cuerpo para los hebreos no eran un conjunto de huesos y músculos. El cuerpo es nuestra personalidad. Es la ciencia la que, después, va a recortar las distintas partes del ser humano.

Por ejemplo, se encuentran nombrados siempre como sinónimos de totalidad, de toda la persona:

–Salmos 71:24

«Mi lengua hablará de tu justicia...»

–Isaías 52:7

«¡Cuán hermosos son sobre los montes los pies del que trae alegres nuevas...»

–Salmos 51:10

«Crea en mí oh Dios, un corazón limpio...»

–Salmos 13:3

«...Alumbra mis ojos para que no duerma de muerte»

–Salmos 143:3

«... está desolado mi corazón»

–Salmos 139:23

«... pruébame y conoce mis pensamientos»

–Salmos 26:2

«... examina mis íntimos pensamientos y mi corazón»

–Salmos 16:7

«... Aun en las noches me enseña mi conciencia»

–Jeremías 4:19

«¡Mis entrañas, mis entrañas! Me duelen las fibras de mi corazón...»

Y así podríamos seguir. La palabra «basar» significa tanto cuerpo como carne, será en el N.T. donde se clasificará con dos palabras. Es interesante ver que lo corporal aparece en los Salmos; algo espontáneo como la danza, el aplauso, la postración, la procesión.

Ejemplo: rodillas. Salomón en 1 Reyes 8:54, Elías en 1 Reyes 19:42, Esdras 9:4, Daniel 6:11, Esteban en Hechos 7:69, Pedro en Hechos 7:69, Pablo en Hechos 20:36; todas las personas en Efesios 3:14 y Jesús Mateo 26:39, Marcos 14:35.

b. *El cuerpo en el Nuevo Testamento*

En el N.T. vamos a encontrar dos palabras: «sarx» y «soma». La palabra «sarx» ha traído grande confusión en nuestras iglesias. En una primera instancia pueden parecer como sinónimas; 2 Corintios 4:10 dice:

> «Llevando en el cuerpo siempre por todas partes la muerte de Jesús, para que también la vida de Jesús se manifieste en nuestros cuerpos.»

En más de una oportunidad Pablo la usa como sinónimo de cuerpo y esto es lo que ha traído confusión. La palabra «carne» puede designar al cuerpo humano como en Juan 1:14, es decir, como persona humana. También aparecen las palabras como distintas y es aquí donde ha reinado la confusión.

La palabra carne es la substancia carnal. Es la vida alimentada de nuestro egoísmo, de nuestra maldad que no se encuentra en nuestro cuerpo sino en nuestra esencia. En este sentido el cuerpo se encuentra dominado por la carne, es decir todo nuestro ser. Miremos un ejemplo, Romanos 6:6.

> «Sabiendo esto que nuestro viejo hombre fue crucificado juntamente con él, para que el cuerpo del pecado sea destruido, a fin de que no sirvamos más al pecado.»

Ver también: Romanos 7:20, 8:3, 6:16, 7:24, y Filipenses 3:21 etcétera.

Pablo habla de «cuerpo de pecado» (Romanos 6:6, 7.24) y «cuerpo carnal» (Colosenses 2.11). Hay algunas enseñanzas que nos pueden servir mucho para el aconsejamiento pastoral.

Veamos el texto de 1 Corintios 6 que nos enseña algunos principios:

> «El cuerpo es para el Señor, está esperando que se lo entreguemos. Él esta interesado en nuestro cuerpo» (v. 13)

> «Las viandas para el vientre, y el vientre para las viandas; pero tanto al uno como a las otras las destruirá Dios. Pero el cuerpo no es para la fornicación sino para el Señor y el Señor para el cuerpo.»

–Nuestro cuerpo es miembro de Cristo. v. 15

> «¿No sabéis que vuestros cuerpos son miembros de Cristo? ¿Quitaré pues, los miembros de Cristo y los haré miembros de una ramera? De ningún modo.»

–Se puede pecar contra el propio cuerpo (ver Romanos 1:24) v. 18

> «Huid de la fornicación. Cualquier otro pecado que el hombre cometa, está fuera del cuerpo; mas el que fornica, contra su propio cuerpo peca.»

–El cuerpo es templo del Señor (v. 19)

> «¿O ignoráis que vuestro cuerpo es templo del Espíritu Santo, el cual está en vosotros, el cual tenéis de Dios, y que no sois vuestros?»

–Dios espera que lo glorifiquemos con nuestro cuerpo y que lo disciplinemos (v. 20)

> «Porque habéis sido comprados por precio; glorificad, pues a Dios en vuestro cuerpo y en vuestro espíritu, los cuales son de Dios.»

–Nuestro cuerpo será transformado en un cuerpo de gloria, 1 Corintios 15:53 (ver también: Filipenses 3:21, 1 Corintios 15:35-58, Romanos 8:23)

> «Porque es necesario que esto corruptible se vista de incorrupción, y esto mortal se vista de inmortalidad.»

–Presentarlo en sacrificio a Dios (Romanos 12:1)

> «Así que, hermanos, os ruego por las misericordias de Dios, que presentéis vuestros cuerpos en sacrificio vivo, santo, agradable a Dios que es vuestro culto racional.»

–Tener el cuerpo en santidad y honor,[2] 1 Tesalonicenses 4:4

«Que cada uno de vosotros sepa tener su propio vaso en santidad y honor.»

–El cuerpo nos hace uno con nuestra pareja. En la vida de pareja los cuerpos se pertenecen, no hay más propiedad «personal» (1 Corintios 7:4)

«La mujer no tiene potestad sobre su propio cuerpo, sino el marido; ni tampoco tiene el marido potestad sobre su propio cuerpo, sino la mujer.»

Lo más sublime es el amor aun más que los sacrificios corporales (1 Corintios 13:3)

«... y si entregase mi cuerpo para ser quemado y no tengo amor, de nada me sirve».

–Cuidar y amar el propio cuerpo (Efesios 5:29)

«Porque nadie aborreció jamás su propia carne sino que la sustenta y la cuida, como también Cristo a la iglesia.»

Es maravilloso redescubrir lo lindo de nuestro cuerpo creado por Dios. Esto nos lleva al próximo capítulo. Estamos, pues, en condiciones de poner en práctica las caricias sexuales.

2. Algunas versiones traducen «vaso» por «esposa» pero es incierta esta traducción según el contexto.

Capítulo 5

EL CICLO DE RESPUESTA SEXUAL

«Los tiempos del placer»

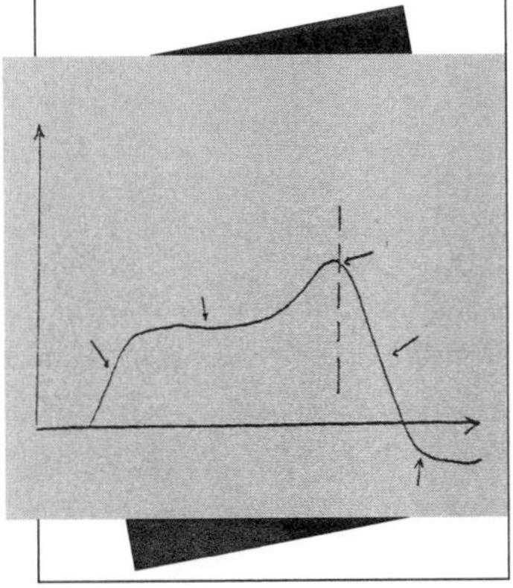

1. Introducción

Uno de los aspectos más importantes para una buena pastoral en un conflicto sexual es explicar a nuestros aconsejados cómo se desarrolla la respuesta sexual tanto en el hombre como en la mujer.

Éste es unos de los elementos claves en la educación sexual de matrimonios, ya que muy pocas personas saben que existen importantes diferencias entre el ciclo sexual masculino y el femenino.

¡Cuántos malentendidos y conflictos de pareja podríamos ahorrar si la educación pastoral de estos temas fuese más frecuente y mucho más profunda en nuestras iglesias!

En toda actividad sexual intervienen múltiples factores, no son sólo dos cuerpos biológicos los que se encuentran, sino también dos historias, dos personalidades, dos educaciones y dos formas de disfrute sexual. Estos factores más otros tantos hacen que cada uno de nosotros configure una conducta sexual diferente en muchos aspectos a los de otra.

Fue Alfred Kinsey y sus colaboradores los que hicieron una recopilación de modelos de conducta sexual entre los años 1938 a 1952. Éste se realizó a través de un interrogatorio directo de gran valor sociológico. A este trabajo importante, pero incompleto, le faltaba un aspecto fundamental: el fisiológico y psicológico de la conducta sexual.

A esto se dedicaron los investigadores norteamericanos William Masters nacido en Cleveland en 1915, especialista en obstetricia y ginecología y Virginia Johnson nacida en 1925 en Missouri, investigadora adjunta, psicóloga e instructora de investigaciones. Ambos partieron de dos preguntas fundamentales que trataron de contestar: ¿qué le pasa a un hombre y a una mujer cuando responden a una estimulación sexual efectiva? y ¿por qué responden como lo hacen frente a una respuesta sexual efectiva?

Para contestar estas preguntas analizaron cientos de casos a través del interrogatorio, la observación y el registro físico en su laboratorio de St. Louis, financiado por la Washington University Medical School. Los estudios fueron hechos con 382 mujeres cuyas edades oscilaban entre los 18 y 78 años que cooperaron activamente y 312 hombres de participación activa. Luego de investigar y observar reacciones individuales (aproximadamente 2.500) y de pareja durante más de 10 años, volcaron en su libro *Respuesta sexual humana* lo que dieron en llamar el «ciclo de respuesta sexual humana».

La misma fue creada para poder comprender de una manera pedagógica lo que sucede o no sucede en una relación sexual.

Dividieron el ciclo de respuesta sexual en 4 fases:

a) Fase de excitación
b) Fase de meseta
c) Fase de orgasmo
d) Fase de resolución.

FASES DE LA RESPUESTA SEXUAL

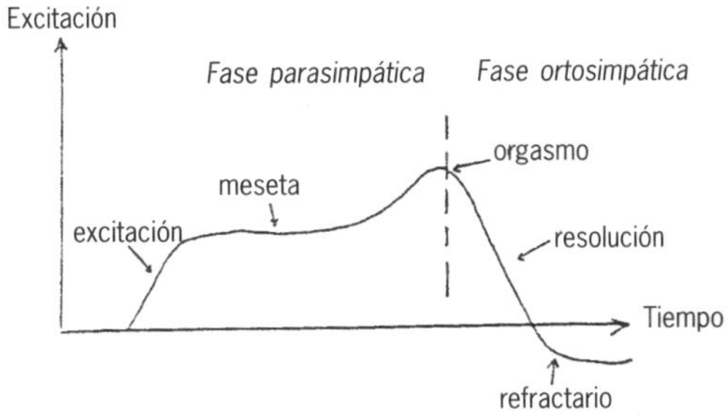

Figura 12

Este ciclo sexual, hoy clásico en la formación para el sexólogo, constituye una clave para entender ciertas alteraciones sexuales que la pareja puede desarrollar y para poder comprender en qué etapa del ciclo se desarrolla.

Ellos descubrieron entonces que una relación sexual comprende 4 fases, que analizaremos.

Partimos de la base que para que se produzca el acto sexual los cuerpos de ambos deben experimentar una serie de cambios intensos tomando como punto de partida el nivel basal.

2. Fase de excitación

El deseo sexual se manifiesta como una tensión interior junto con la necesidad de librarse de ella.

No se puede experimentar la relación sexual si no hay excitación, si no se desea «entrar en clima». Si no existe el deseo es casi seguro que no habrá excitación.

En otro lugar nos detendremos más detalladamente en las diferentes alteraciones del deseo sexual. Baste aquí con saber que para que comience la fase excitatoria es importante que en ambos cónyuges exista el deseo.

La excitación se desarrolla a partir de la estimulación, tanto corporal como psicológica.

Son los *estímulos* los que comienzan en un ser humano a aumentar la tensión sexual. Si estos estímulos son adecuados a la demanda de cada persona, la fase de excitación puede durar mucho menos tiempo.

Estos estímulos pueden ser emocionales o fisiológicos.

Al hablar de estímulos emocionales nos referimos a la imaginación o la fantasía (en la «sabiduría popular»: «pasarse la película», «hacerse el bocho», «darse máquina», «ratonearse», etc.). Estas escenas imaginativas que aparecen en la mente pueden ser reales o «inventadas».

En cuanto a los estímulos fisiológicos, nos referimos a todos aquellos que provienen de los sentidos. Remarcamos especialmente los del *tacto* y los de la *vista.*

Así la excitación aumenta buscando satisfacerse. Los besos, una palabra clave, contactos de piel y piel van llevando la excitación a niveles muy altos. Es importante señalar en este punto la necesidad de que ambos cónyuges aprendan que *todo su cuerpo* es una fuente de excitación y así puedan participar de la sexualidad con todo su cuerpo y no solamente con determinadas zonas.

Tanto los estímulos fisiológicos como los emocionales operan juntamente en esta fase. Se despiertan en cada ser humano una serie de reacciones variadas y complejas tanto de orden emocional como fisiológicas.

Las caricias son el centro de esta fase. *Estos estímulos despiertan reacciones de tipo neurológico, vascular, hormonal y muscular.*

El hombre es más sensible a los estímulos visuales, de ahí la preferencia por revistas, películas, striptease, el deseo de mirar pechos y nalgas antes que ojos o vestimenta.

El hombre con sólo 20 o 30 cm^3 de sangre ya produce la erección, mientras que la mujer para garantizar una buena lubricación necesita el triple, de ahí la importancia que el juego previo *dure tiempo.*

Muchos hombres al tener su erección creen que ya no es necesario nada más, que debe producirse la penetración y posterior eyaculación.

La zona más sensible para el hombre es el pene, mientras que la mujer comienza a sensibilizarse en zonas más alejadas de los genitales como pueden ser el cuello, orejas, muslos, nuca, pechos, etc.

El contacto prematuro con el clítoris puede hasta molestarla y detener la excitación. Aquí vemos cómo muchos hombres desconociendos estos aspectos creen que la misma sensibilidad peneana que poseen inmediatamente, es la misma que la mujer posee en su clítoris.

En cuanto al tiempo de la fase de excitación, puede darse lentamente a medida que los estímulos son persistentes. Con el tiempo entonces se entra en la segunda fase. A veces la fase de excitación dura muy poco tiempo (especialmente en el hombre, que debe hacer «todo rápido»), como un estallido; esto trae innumerables conflictos en la pareja.

No existe un tiempo «normal» para esta fase, *ni nadie puede decir que el tiempo «bíblico» es tal* (hacemos mención a esto que aunque parece absurdo, lo hemos escuchado en muchas ocasiones, así como la falacia de que «agarrarse de una mano» lleva al joven a la cama; abrazarse lleva a eyacular; o que el tiempo «normal-bíblico» de la excitacion es gradual de por lo menos 20 minutos, etc, etc.).

Quienes dicen esto no conocen la más mínima biología masculina ni femenina. La velocidad de la excitación *depende de cada persona* y nadie (ya que la belleza está en cada ojo) puede hacer un mismo patrón para todos los creyentes (ni para los que no lo son). El tiempo varía de persona a persona, de cultura a cultura y de situación en situación.

Uno de los signos más evidentes de excitacion en el varón es la erección.

Miremos ahora brevemente la excitación en la mujer.

La excitación en la mujer

La excitación en la mujer se ha logrado (sin importar, como dijimos, en cuánto tiempo) cuando aparece el *trasudado vaginal*; esto significa que la dilatación de las pequeñas arterias de las paredes de la vagina producen un líquido que lubrica la entrada del conducto vaginal.

Bien señalan los sexólogos que es un trasudado y no una secreción, porque las glándulas que podrían provocar la salida de este líquido no existen. Es decir que esto se da por la vasodilatación (dilatación de los vasos) y por lo tanto es indicativa que la excitación ha comenzado.

La mujer tarda más en excitarse debido a que la cantidad de sangre requerida para este fenómeno es casi 3 veces superior a la del hombre. En él es necesario casi 70 ml para lograr una erección, en cambio en la mujer la sangre debe recorrer un lecho más extenso, que va desde la vulva y la entrada de la vagina. A los 30 segundos de haberse producido la excitación en la mujer se produce el trasudado vaginal

Estas gotas son parecidas a las del sudor. A medida que la excitación aumenta, las gotas se unen para formar una capa en el túnel vaginal.

La vagina, que mide aproximadamente 2 cm, en estado de excitación puede llegar hasta 6 cm. El largo de la vagina que es de 7-8 cm, durante la fase de excitación aumenta hasta 10 cm, o sea, se alarga y se ensancha aumentando más de un tercio de su tamaño. También el útero aumenta, modifica su posición, permitiendo una mayor elongación de la vagina.

La lubricación vaginal («estar mojada» en el lenguaje cotidiano) tiene una finalidad muy importante: señala a ambos que la estimulación está hecha (lo cual no significa que ésta deba detenerse) y que está preparada para que la penetración pueda realizarse con seguridad ya que la lubricación le permite al pene su introducción.

Otros cambios producidos en esta fase son: apertura del fondo vaginal, acomodación del útero para recibir a los espermatozoides, aumento del tamaño del clítoris, etc.

La erección de los pezones es una respuesta evidente del aumento de tensión sexual. Ambos pezones no llegan simultáneamente al estado de erección total. Los pezones grandes tienden a aumentar menos de capacidad cuando son estimulados (a veces no puede percibirse, aumenta el volumen si la excitación es muy intensa).

El equivalente a la erección en el hombre es el trasudado vaginal y no como se creía el aumento del clítoris.

El clítoris no se reduce «a lo que se ve», es decir a la pequeña estructura que se asoma, sino que es una composición compleja. En su organización penetra sobre el techo del conducto vaginal formando parte de la composición de los labios menores.

FASE DE EXCITACIÓN EN LA MUJER

–ESTADO NO EXCITADO–

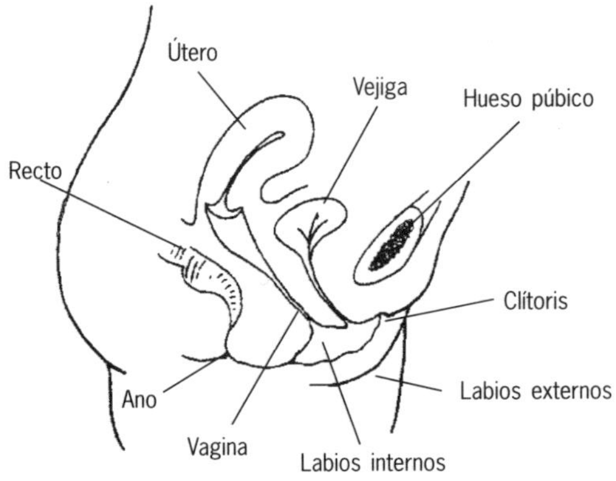

–ESTADO EXCITADO–

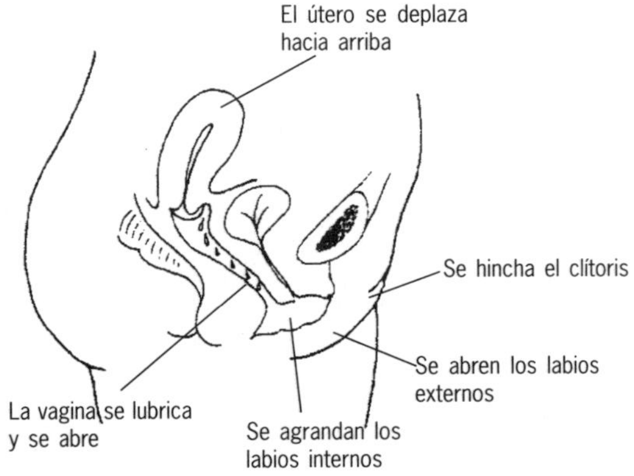

Figura 13

La excitación en el hombre

Esta fase de excitación se reconoce cuando se ha producido la erección del pene, que es también, como en la mujer, el resultado de la vasodilatación, de la fluencia de sangre que llega a los cuerpos cavernosos, tejidos en forma de esponja, constituyentes del pene.

FASE DE EXCITACIÓN EN EL HOMBRE

–ESTADO NO EXCITADO–

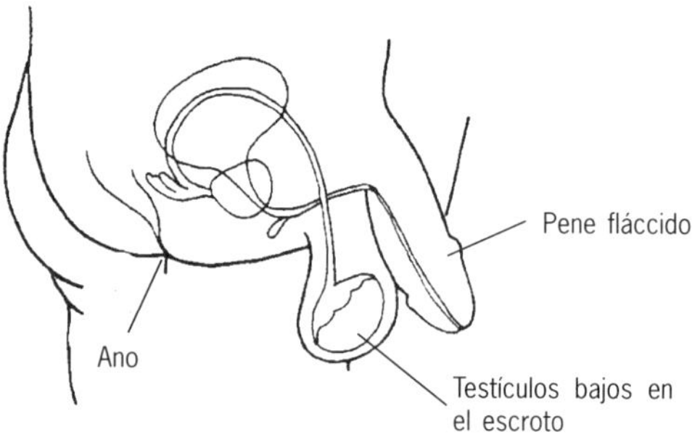

–ESTADO EXCITADO–

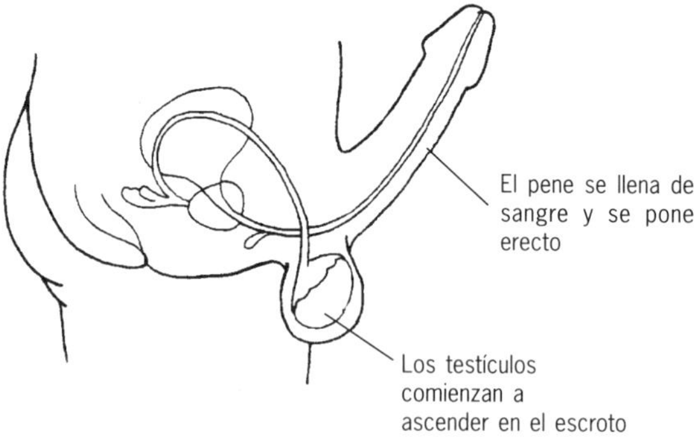

Figura 14

El escroto se hace más espeso y se ensancha, mientras que los testículos comienzan a elevarse (especialmente las cubiertas dérmicas que los cubren); comienzan a modificarse, a alisar los pliegues y se elevan parcialmente en dirección al abdomen para prestarles el suficiente calor y que los espermatozoides puedan llegar hasta la vagina con la temperatura y las condiciones adecuadas.

Se produce también la erección de los pezones (al igual que en la mujer y que además es *normal* y no índice de ninguna homosexualidad).

En la pastoral debemos tener en cuenta que en esta fase: los pocos estímulos, la distracción, la no preocupación por el otro, los ruidos, los hijos que pueden aparecer, la tensión, el teléfono, un comentario inapropiado, la crudeza verbal, un dolor muscular, hijos en la misma habitación, ansiedad, pecados no resueltos, discusiones sin elaborar por la pareja, pensamientos que se cruzan, etc., hacen poca o nula la excitación anticipando el *fracaso de la relación.*

El bañarse y afeitarse dan muestras de importancia.

Las caricias en esta fase deben recorrer *todo el cuerpo*, sin apresuramiento y con mucha suavidad.

3. Fase de meseta

Si la estimulación se continúa, entramos en lo que se llama fase de meseta. Si el estímulo es inadecuado o interrumpido el individuo no llega a esta fase y menos aún a la tercera del orgasmo. Se llama así ya que en el cuadro aparece identificada como el accidente geográfico: la meseta.

Ésta es una fase de sostenimiento progresivo de la excitación; se llega a un determinado nivel de excitación. A esta fase se la llama también «PLATAFORMA ORGÁSMICA».

Las diferentes posturas, actos y todo aquello que les dé satisfacción y placer deben ser elegidos por ambos. Nadie puede decirle a la pareja qué es lo «mejor».

La mujer debe aprender a decir qué es lo que le gusta al igual que el hombre, ya que son ambos los que disfrutan de la relación y no como antes se creía, y por creerlo así sucedía, que era sólo el hombre. La penetración debe ser hecha en forma lenta y delicada como un acto más de placer. En esta fase la tensión sexual y muscular aumenta.

La meseta en la mujer

Los labios mayores pueden aumentar 2 o 3 veces su diámetro si la fase de meseta es prolongada; igual sucede con los labios menores cambiando su coloración desde el rosado hasta el rojo brillante. A este cambio en los labios menores se los ha denominado «piel sexual».

Toda mujer que está llegando a la fase orgásmica experimenta estos cambios de color en los labios menores. Las glándulas de Bartholin son glándulas vulvovaginales localizadas en cada uno de los labios menores, las cuales segregan un material mucoso y su función es entonces secretoria. Éstas contribuyen a la lubricación del introito, no a la lubricación del túnel vaginal. Esto se produce en la fase de meseta.

La vasodilatación provoca cambios en la zona vaginal; es decir que grandes cantidades de sangre inundan las paredes vaginales, la zona clitorideana, la zona de los genitales externos, e incluso a los órganos próximos como el recto y la vejiga.

En esta fase es más fácil que la mujer pierda excitación si sabe que su intimidad es peligrosa o incómoda, sea por los niños, etc.

La intimidad en la pareja es un concepto fundamental. El solo hecho de no resguardarse es motivo de muchos conflictos sexuales.

En esta fase es importante que el hombre estimule el clítoris. Puede ser en forma oral, manual, peneana o una combinación según la pareja elija. Durante la penetración, el roce del cuerpo peneano y el golpeteo de ambos pubis, continúan la estimulación clitorideana.

La zona vaginal tiende a estrecharse –otra maravilla de Dios–, ya que no es importante la *profundidad* de la penetración (después explicaremos por qué) sino el frotamiento del pene sobre las paredes vaginales;

aumentan las glándulas mamarias, el tejido que las rodea se vuelve más oscuro y prominente, el aumento del flujo sanguíneo aparece en la coloración rojiza de la piel (parecida al sarampión), aumento de la sensibilidad muscular, taquicardia (aumento de los latidos cardíacos) y de la entrada de aire (hiperventilación)

FASE DE MESETA A ORGASMO

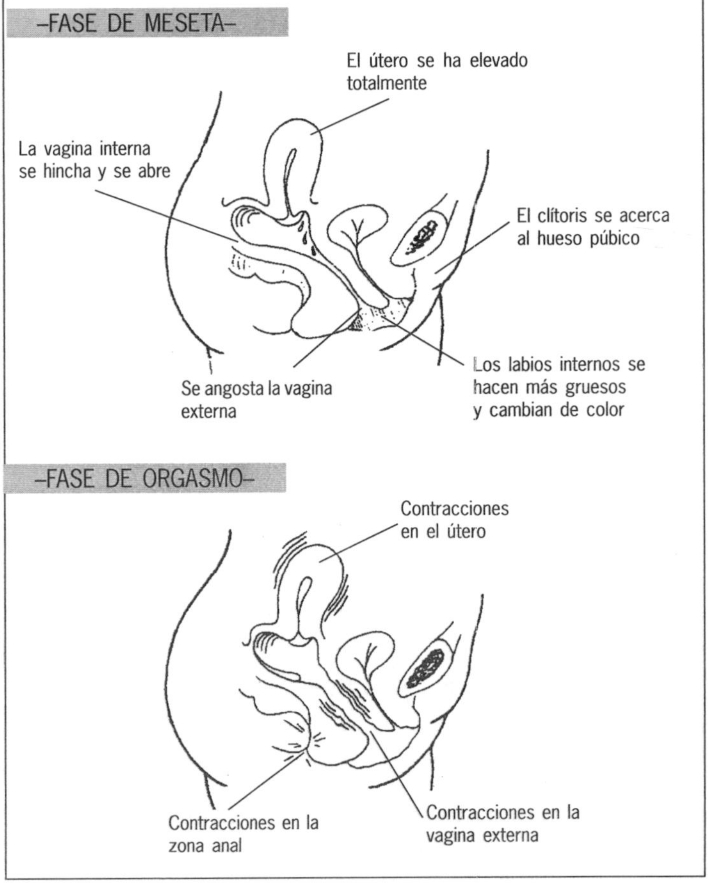

Figura 15

La meseta en el hombre

El pene ha alcanzado su total erección en esta fase.

La mujer puede tocar con suavidad y lentitud si no quiere precipitar la eyaculación, acariciar suavemente el escroto y ayudar al hombre a que también disfrute de todo su cuerpo como zona erógena.

La sangre inunda más los cuerpos cavernosos y la totalidad del órgano se vuelve más oscuro, aumenta el tamaño de los testículos y el volumen crece hasta un 80% en relación al estado de no excitación; aparece el famoso líquido blanquecino transparente, secretado por la glándula de Cowper que son sólo secreciones de algunas glándulas anexas, y no es esperma (aunque algunos sostienen que contiene algunos espermas no son los suficientes para provocar el embarazo).

La frecuencia cardíaca puede llegar hasta 175 latidos por minuto en lugar de los 70-90 normales y la presión arterial se eleva hasta 180 milímetros de mercurio. También se cierra el paso entre la vejiga y la uretra haciendo imposible la salida de la orina.

En la pastoral debemos enfatizar que la pareja busque romper todo tipo de rutina sexual. Hay que remarcar la necesidad de que ambos busquen satisfacerse cada vez más llegando a un mutuo acuerdo acerca de aquello que le proporciona más placer a cada uno. Es sorprendente conocer parejas que durante años de vida sexual jamás han variado de posición y lugar, nunca se han dicho qué es lo que realmente les excita y nunca se han permitido expresarse la excitación y placer sentido.

> *«Uno de los aspectos también importantes a tener en cuenta es que sexualidad implica de por sí capacidad de disfrute y de placer, dicho de otra forma capacidad de dejarse llevar por el placer, capacidad de abandonarse al otro.»*

De ahí que muchas parejas en tensión no pueden disfrutar de su vida sexual por no poder aflojarse y sentir.

FASE DE MESETA A ORGASMO

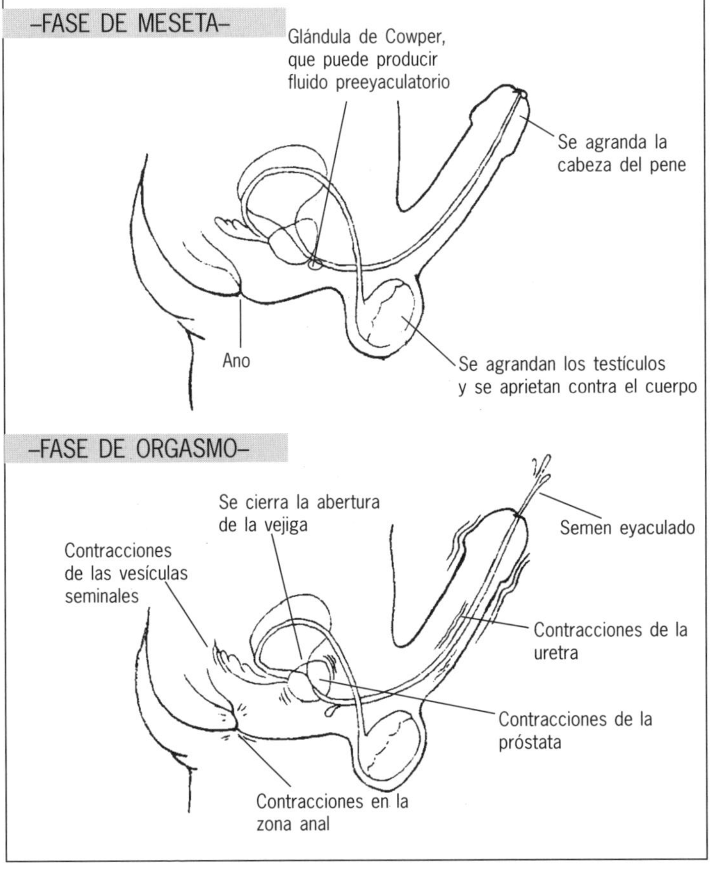

Figura 16

4. Fase de orgasmo

Culmina con una descarga de la tensión acumulada.

El orgasmo femenino está compuesto por contracciones rítmicas y simultáneas del útero y de toda la plataforma orgásmica; es en realidad una respuesta total de la persona.

El orgasmo en la mujer

El orgasmo consiste en una serie de contracciones rítmicas de los músculos de la vagina inferior (músculos pubococcígeos) o llamado también el reflejo orgásmico.

Las mujeres no eyaculan durante el orgasmo y se produce aun en mujeres que no poseen útero o que incluso se les haya extirpado el clítoris.

El orgasmo es un reflejo que se desencadena una vez alcanzado determinado nivel de excitación. De manera involuntaria todos los músculos perineales comienzan a contraerse rítmicamente cada 0,8 segundos con un total de 7 u 8 contracciones. Esta fase dura apenas algunos segundos. Se siente una respuesta de todo el organismo en esta fase.

Sirva mencionar que mientras el hombre eyacula, la mujer no. Después de la eyaculación el pene pierde su erección aproximadamente entre los 5 a 15 minutos posteriores.

Muchos hombres, para extender el placer, hacen que el pene no se retire prontamente sino que se aprete contra el hueso pubiano de la mujer, lo cual da una sensación placentera adicional.

Así la mujer pierde el control voluntario de sus músculos y todo su cuerpo se involucra, se contrae el esfínter anal y el útero, al igual que el resto del aparato genital.

El orgasmo en el hombre

El orgasmo tiene dos fases:

a. La «inevitabilidad de la eyaculación» corresponde al momento en que no se pude controlar la eyaculación (anterior al fluido del líquido seminal). Esta etapa dura entre 2 a 4 segundos.

b. La expulsión del líquido seminal. Las contracciones del esfínter de la uretra y de otros músculos empujan el líquido seminal hacia y a través del meato uretral. Las contracciones expulsivas se desarrollan con intervalos de 0,8 segundos. Después de 3 a 7 contracciones expulsivas mayores, se reducen en frecuencia e intensidad.

El orgasmo es la tensión involuntaria de los músculos y contracciones en una sensación que se centra específicamente en el pene, la próstata y las vesículas seminales.

El orgasmo masculino se desencadena de la misma forma que en la mujer, en una tensión sexual progresiva. Se producen algunas contracciones en los músculos alrededor del pene y los testículos, provocando que el líquido seminal se deposite en la llamada uretra prostática (o posterior). Este líquido contiene millones y millones de espermatozoides vivos que se forman a partir de tres fuentes: la próstata, las vesículas seminales y el conducto deferente.

El varón experimenta lo que se conoce como «sensación de inevitabilidad eyaculatoria». Ésta es la percepción en la conciencia de los cambios de presión producidos en la ampolla prostática. La fuerza de la eyaculación varía también de un hombre a otro, puede llegar hasta un metro de distancia y en otras circunstancias escurrirse lentamente por el glande.

Es falso que la fuerza con que se produce la eyaculación es más placentera.

Aquí es necesario clarificar que la eyaculación y el orgasmo pueden no ocurrir juntos. El orgasmo es la respuesta, como hemos dicho, casi compulsiva que atañe a todo el cuerpo. Por ejemplo, en parapléjicos puede no ocurrir juntos, es decir que la eyaculación puede no estar acompañada de sensaciones orgásmicas. También puede haber orgasmo sin eyaculación en los individuos operados de próstata; en estos casos la eyaculación va a la vejiga y luego se elimina con la orina.

La presión arterial puede llegar hasta 220 mililitros de mercurio.

5. Fase de resolución

Es la última fase del ciclo sexual. Se caracteriza por la pérdida de la tensión, llevando al hombre a un estado de inexcitabilidad, desentumecimiento de la erección, el ritmo cardíaco, la tensión muscular aproximadamente en 5 minutos. Cuanto más prolongadas fueron las fases anteriores, más prolongado será el período de resolución. Se caracteriza por una sensación de plenitud y bienestar, en la respiración, se relajan los músculos y la conciencia vuelve a conectarse con lo que nos rodea.

El período refractario dura entre los 20 minutos y las 24 horas de acuerdo con la edad y las condiciones físicas.

La resolución en la mujer

Tiene lugar una desaparición del enrojecimiento sexual, las mamas pierden su erección y los labios mayores vuelven a tener su grosor normal.

Las mujeres tienen la capacidad potencial de ser multiorgásmicas, esto significa tener una serie de respuestas orgásmicas sin necesidad de descender al nivel de excitación más abajo que el nivel de meseta. Los varones son uniorgásmicos.

La llamamos capacidad ya que las mujeres *no están obligadas* a sentir varios orgasmos, así como ninguna mujer *es inferior por tener sólo uno,* frente a otra que tiene 3, 5 o 100.

La resolución en el hombre

El desentumecimiento del pene se desarrolla en dos estadios diferentes: el primero reduce el pene desde la erección completa hasta el 50%, es una fase de gran rapidez; el segundo es hasta el estado normal que se extiende un poco más.

Si el pene se retira de la vagina después de la eyaculación, la involución es mucho más rapida que si persiste dentro de ésta. La uretra se alarga en la relación sexual y hay un aumento del diámetro de por lo menos el doble; en la fase de meseta alcanza hasta el triple en la fase de meseta. Se conoce esto también como período refractario ya que los estímulos sexuales no tienen ningún efecto sobre el hombre, ningún estímulo sexual puede despertar una nueva excitación. Este período, llamado refractario, puede durar desde varios minutos hasta varias horas e incluso a veces uno o dos días en el caso de personas de 60 años. Esto es porque sin semen no existe la eyaculación, y se necesita «cargar las baterías» fisiológicamente hablando.

La desaparición progresiva de la plataforma orgásmica con una «fuga» de los líquidos sanguíneos de esas zonas hace que el útero se vuelva a colocar en la posición normal, la vagina tienda a cortarse, y lentamente desaparece la lubricación vaginal.

En el varón aparece una rápida pérdida de la erección debido a las grandes cantidades de sangre en la zona peneana, aunque en algunos este período puede prolongarse hasta 20 minutos o más; los testículos disminuyen de tamaño y descienden al escroto.

En las páginas siguientes transcribimos los cuadros que nos parecen ilustrativos, que han sido tomado del tomo Nº 2 de la Biblioteca Básica de Educación Sexual del Dr. López Ibor:

ORGASMO MASCULINO

	1ª FASE DE EXCITACIÓN	2ª FASE DE EXCITACIÓN	3ª FASE DE EXCITACIÓN	4ª FASE DE EXCITACIÓN
MAMAS	Erección suave del pezón	Erección y turgencia inconsistente del pezón	Sin cambios	Descenso que puede ser prolongado
ENROJECIMIENTO SEX.	No existe	Cierta pigmentación desde epigastrio hasta tórax, cuello, cara, frente	Enrojecimiento paralelo a la intensidad del orgasmo	Rápida desaparición
TENSIÓN MUSCULAR	Voluntaria. Se inician las involuntarias en testículos y abdomen	Aumenta la tensión voluntaria e involuntaria. Contracciones espasmódicas en cara, abdomen e intercostal.	Pérdida de control, contracciones involuntarias y espasmos musculares	Rara vez se prolonga más de cinco minutos
RECTO	Sin reacción	Contracciones voluntarias como técnica de estimulación	Contracciones involuntarias cada 0.8 segundos	Sin modificaciones
RITMO RESP.	Sin reacción	Al final de la fase aparece la reacción	40 respiraciones por minuto	Desaparece al final
RITMO CARDIACO	Aumenta paralelamente a la tensión sexual	Ritmos de 100 a 175 latidos por minuto	De 110 a 180 latidos por minuto	Se normaliza
PRESIÓN SANGUI.	Se eleva en relación con la tensión sexual	La presión sistólica se eleva de 20-80 mm Hg; la diastólica de 10-40 mm Hg	Elevación de la presión sistólica (40-100 mm Hg) y de la diastólica (20-50 mm Hg)	Se normaliza
PENE	Rápida producción derección que puede desaparecer y volver a producirse según el estímulo sexual	Aumenta la circunferencia en la región de la corona del glande. Pequeño cambio de color	Contracciones expulsivas en uretra con intervalos de 0.8 seg. para disminuir a 3 o 4. Contracciones menores por varios seg.	Pérdida de erección en dos etapas: 1ª el pene es de una a una y media vez mayor; 2º lenta involución al estado de reposo
ESCROTO	Tensión y engrosamiento de la piel. Aplanamiento y elevación de las bolsas	Sin reacción	Sin reacción	Rápida pérdida de la congestión. Reaparición, lenta en ocasiones, de los pliegues
TESTÍCULOS	Elevación parcial de ambos hacia el perineo	Aumenta el tamaño en un 50% de los testículos. Elevación que si es total indica la eyaculación inminente.	Sin reacción	La pérdida del tamaño es rápida o lenta según la mayor o menor duración del período de muestra
ÓRGANOS SECUNDARIOS	Sin reacción	Sin reacción	Contracciones que dan la sensación de eyaculación inevitable y que la inician	Sin cambios
GLÁNDULAS DE COWPER	Sin cambios	2 o 3 gotas de secreción mucoide con espermatozoides activos	Sin cambios	Sin cambios

ORGASMO FEMENINO

	1ª FASE DE EXCITACIÓN	2ª FASE DE EXCITACIÓN	3ª FASE DE EXCITACIÓN	4ª FASE DE EXCITACIÓN
MAMAS	Erección del pezón. Tumefacción de la aureola	Endurecimiento del pezón, aumento de los senos	Sin cambios	Desaparece la tumescencia aureolar, desciende erección del pezón y volumen de senos
ENROJECIMIENTO SEX.	Al final de la fase erupción en el epigastrio, que se extiende a los senos	Desarrollo del enrojecimiento que puede extenderse a todo el cuerpo	El grado de enrojecimiento es paralelo al de excitación e intensidad	Rápida disminución en sentido inverso a la aparición
TENSIÓN MUSCULAR	Voluntaria y alguna evidencia de involuntaria: expansión de la pared vaginal, tensión abdominal	Aumenta la tensión voluntaria e involuntaria. Contracciones espasmódicas en cara, abdomen e intercostal.	Pérdida de control, contracciones involuntarias y espasmos musculares	Rara vez se prolonga más de cinco minutos
RECTO	Sin reacción	Contracciones voluntarias como técnica de estimulación	Contracciones involuntarias	Sin cambios
RITMO RESP.	Sin reacción especial	Al final un cierto aumento del ritmo	40 respiraciones por minuto paralelas a la intensidad y duración	Rápida relajación
RITMO CARDIACO	Aumenta paralelamente a la tensión sexual	De 100 a 175 latidos por minuto	De 110 a 180 latidos por minuto	Retorno a la normalidad
PRESIÓN SANGUI.	Se eleva en relación con la tensión sexual	La presión sistólica se eleva de 20-60 mm Hg; la diastólica de 10-20 mm Hg	Elevación de la presión sistólica (30-80 mm Hg) y de la diastólica (20-40 mm Hg)	Retorno a la normalidad
CLÍTORIS	Tumescencia en el glande, aumento del cuerpo esponjoso del clítoris por vasodilatación y alargamiento	Elevación del cuerpo del clítoris y retracción hacia la parte anterior del pubis	Sin modificaciones	5 o 10 seg. después del orgasmo se retorna a la posición normal; lenta destumescencia y pérdida de la vasodilatación
VAGINA	Lubricación vaginal 10-30 seg. después de estimulación. Expansión y distensión. De color rojo a púrpura	Desarrollo de plataforma orgásmica de vagina inferior; vuelve a aumentar anchura y profundidad	Contracciones de la plataforma orgás. de 0.8 seg. cada 5 a 12 veces. Aumentan intervalos mientras disminuye intens.	De 10 a 15 seg. relajación de la pared vaginal
ÚTERO	Elevación parcial en anteposición. Desarrollo de la irritabilidad	Elevación total del cuerpo del útero en la pelvis mayor y del cuello. Aumenta la irritabilidad	La intensidad de la contracción es paralela a la del orgasmo. En la multípara se da un 50% de aumento de tamaño	Después de 20 o 30 seg. retorno del útero a la posición de reposo en la pelvis
LABIOS MAYORES	En la nulípara: aplanamiento, separación y elevación anterolateral. En la multípara: aumento de diámetro y movimiento hacia afuera de la línea media	En la nulípara: ingurgitación venosa cuando la fase es prolongada. En la multípara: aumento que depende del grado de hinchazones venosas	En la nulípara no hay cambios, ni tampoco en la multípara	En la nulípara: retorno al espesor normal. En la multípara: involución de la vasodilatación labial
LABIOS MENORES	Se engrosa y abre el desfiladero vaginal en 1 centímetro	El color cambia del rojo vivo al rojo oscuro que revela el orgasmo inminente	Sin modificaciones	En 10-15 segundos el color se hace rosa pálido y se pierde el aumento de tamaño

Ejercicios

13 – Pónganse de acuerdo para tener relaciones con las siguientes características. Luego, organicen una salida donde puedan compartir sus experiencias y cómo se sintieron.

Cambien de ambiente. Busquen un lugar donde no hayan tenido relaciones anteriomente. Especialmente si sus relaciones son en el mismo sitio de siempre, sugerimos que cambien de emplazamiento: en la cocina, en un hotel, en algún lugar donde prive la tranquilidad y la paz. Muchas veces el lugar menos indicado para la sexualidad es el hogar, pues es allí donde hay tensiones, donde se resuelven problemas, etc.

14 – Cambie de posiciones

Muchas parejas ya saben «de memoria» cómo serán sus relaciones; ella se sacará tal prenda, luego el esposo se sacará los pantalones, ella le da un beso en la frente, él la toca y ...

Prueben posiciones que nunca antes haya intentado, al hacerlo recuerden que el sexo también es alegría y creatividad.

15 – Jugar al amor

El «hacer el amor» suena a algo mecánico y frío y en realidad lo es. El jugar significa que no habrá penetración. Muchas parejas sólo se desnudan cuando tienen sexo; otras saben que si se tocan de determinadas maneras lo único que se busca es el sexo. Tenga relación sexual sin penetración, simplemente acariciarse, tocarse, mirarse, sin ningún tipo de exigencias.

Capítulo 6

ALGUNAS POSICIONES

«La creatividad del amor»

1. Introducción

Uno de los temas menos frecuentes en las charlas sobre sexualidad en la pareja es el tema de las posiciones. Un tema del que muy pocas veces se han escuchado comentarios en las charlas sobre sexualidad en nuestras iglesias.

Muchos, como dijimos anteriormente, siguen sin saberlo, pues sólo conocen una teología sexual agustiniana. Éste sostuvo que la única posición sexual válida para tener relaciones («si desgraciadamente decidieron tenerlas» agregaría Agustín) era la del hombre arriba y la mujer abajo, conocida como posición del misionero.

Sorprende que muchos líderes cristianos que sostienen que «la sexualidad es la maravillosa creación de Dios, para ser disfrutada en el amor dentro del matrimonio», al ver el gráfico que luego mostraremos con las distintas posiciones nos hayan confesado que esto les mostró hasta dónde en el fondo sigue su culpa y temor por lo sexual.

Sí, la culpa y el miedo son los peores enemigos sexuales, que aunque muchos tengan el mismo discurso antes enunciado, es decir «sepan la teoría» de memoria, no sucede así en la práctica. Esto está basado en mi práctica como sexólogo clínico, después de haber visto en consultas con innumerables trastornos y culpas sexuales a líderes de casi todas las denominaciones. En el fondo la culpa sigue estando, no en la teoría como dijimos, sino en la práctica.

Muchos creen que variar la posicion sexual es transformarse en perversos o degenerados. Como si existiese una sola posición o forma de dar un beso, o existiese un solo lugar para comer, o una sola manera de dar una caricia.

Muchos manuales de técnicas sexuales agregan centenares de posiciones. Algunos manuales de sexología citan 365 posiciones (una para cada día del año). Es importante que la pareja no caiga en ninguno de los dos extremos; por un lado el aburrimiento y la monotonía de «siempre lo mismo, de igual forma y en el mismo lugar» a los nuevos «manuales de posiciones sexológicas» que parecen más catálogos de obligaciones sexuales para competencias de sexualidad, donde se hace imperativo «cambiar, cambiar, cambiar cambiar de posiciones sexuales».

La pareja debe encontrar su punto de creatividad, de riqueza y de cambio, no como una «competencia», sino como una forma de variar, crear y dejar surgir lo nuevo en la vida sexual.

Digamos igualmente que ninguna posición puede considerarse como «normal» o «verdadera», sino que éstas requieren ser elegidas por la misma pareja según les resulte atractiva y una forma de expresar el amor.

La variedad de posiciones contribuye a eliminar la monotonía y el aburrimiento sexual.

Veamos las más frecuentes:

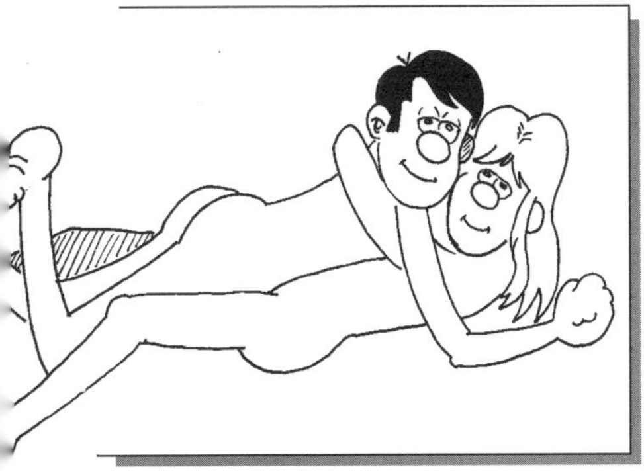

a. *Cara a cara*

Es la más «común» en nuestro tiempo. Algunos hasta creyeron que ésta era la «bíblica» y que otras posiciones eran «antibíblicas». Se la conoce también como posición «del misionero», una de las teorías dice que tiene este nombre porque los misioneros cristianos en la polinesia sostenían que era la posición normal, cristiana y natural...

En esta posición la mujer está relajada y el hombre toma la iniciativa. Facilita los besos y caricias cara a cara. Esta posición más un almohadón para levantar las nalgas puede mejorar las posibilidades de fertilización (algo diremos en el capítulo 12 sobre el embarazo).

Es una posición incómoda cuando el compañero es obeso o corpulento, o cuando la mujer está embarazada.

b. *Cara a cara y la mujer encima*

Permite a la mujer ser más activa y controlar la profundidad de la penetración. Esta posición se recomienda especialmente cuando existen disfunciones sexuales tanto del varón como de la mujer. Las manos permiten más caricias, mirarse en la dirección de la mujer.

Hemos conocido a hombres que tenían erección cuando practicaban la posición de hombre arriba, pero que perdían la erección cuando la mujer estaba sobre ellos. Esto indica de alguna manera que para algunos hombres«ser controlados» por una mujer, genera temores y fantasías muy profundas.

c. *Posición lateral cara a cara*

Los dos se encuentran acostados frente a frente. Las ventajas principales son que permiten el contacto entre el cuerpo del hombre y el clítoris de la mujer. Es la posición adecuada para obesos, fatigados o cuando uno de los cónyuges es demasiado alto. Permite entregarse mutuamente al máximo.

Sus desventajas son por lo inconsistente y la incomodidad propia de la posición.

d. *Posición de mujer boca abajo y hombre arriba*

No debe confundirse con la penetración anal. En esta posición, también llamada «cucharita», ambos cónyuges yacen sobre un costado, teniendo la espalda de la mujer sobre el pecho del hombre.

Permite una penetración profunda y vigorosa en cuanto al bombeo. Permite acariciar libremente los pechos y el clítoris de la mujer, aunque resulta difícil a ella acariciar a su compañero; puede existir, debido a esto, una cierta pérdida de la intimidad de la pareja.

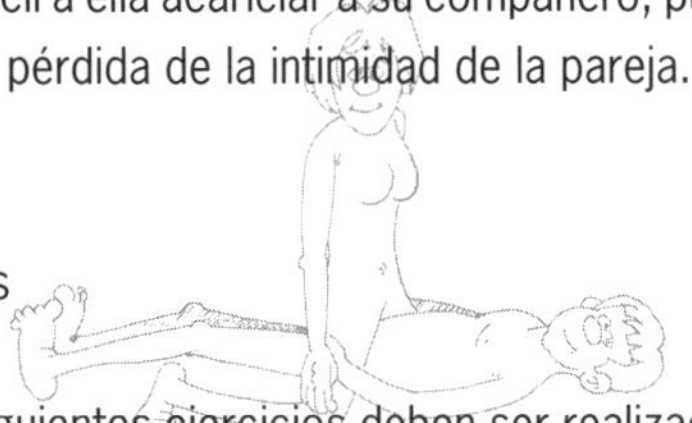

Ejercicios

Los siguientes ejercicios deben ser realizados uno cada vez. Si usted es consejero de pareja, vea de comenzar por el que pueda ser más sencillo para la pareja y luego ir a aquellos que más les costarían.

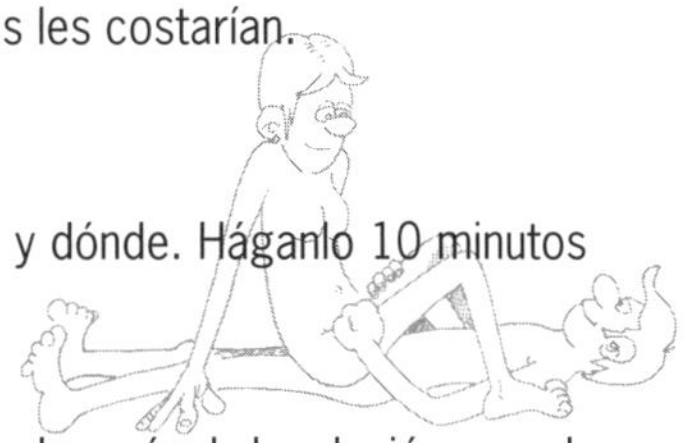

16 – Explique cómo desea ser tocado y dónde. Háganlo 10 minutos cada uno por vez.

17 – Comparta sus sentimientos antes y después de la relación sexual.

18 – Exprese sus fantasías sexuales con su esposa/o: Tómese cada uno 10 minutos para expresar, sin ser interrumpido, sus fantasías y deseos; podrían comenzar la frase con algo como: «yo quiero...», «me gusta cuando...».

Mientras expone, no hacer comentarios ni preguntas ni tener relación sexual.

19 – Tenga sexo sin coito, sólo caricias. Durante 10 minutos solamente acaricie a su cónyuge, tenga su academia de caricias, por todo el cuerpo, y luego cambien de roles. Sin tener relaciones coitales.

20 – Piensen qué nueva posición pueden experimentar que nunca antes tuvieron. Compartan luego experiencias y sentimientos. Atrévase a cambiar...

Véase gráficamente la multiplicidad de posiciones en los cuadros siguientes:

MUJER ENCIMA

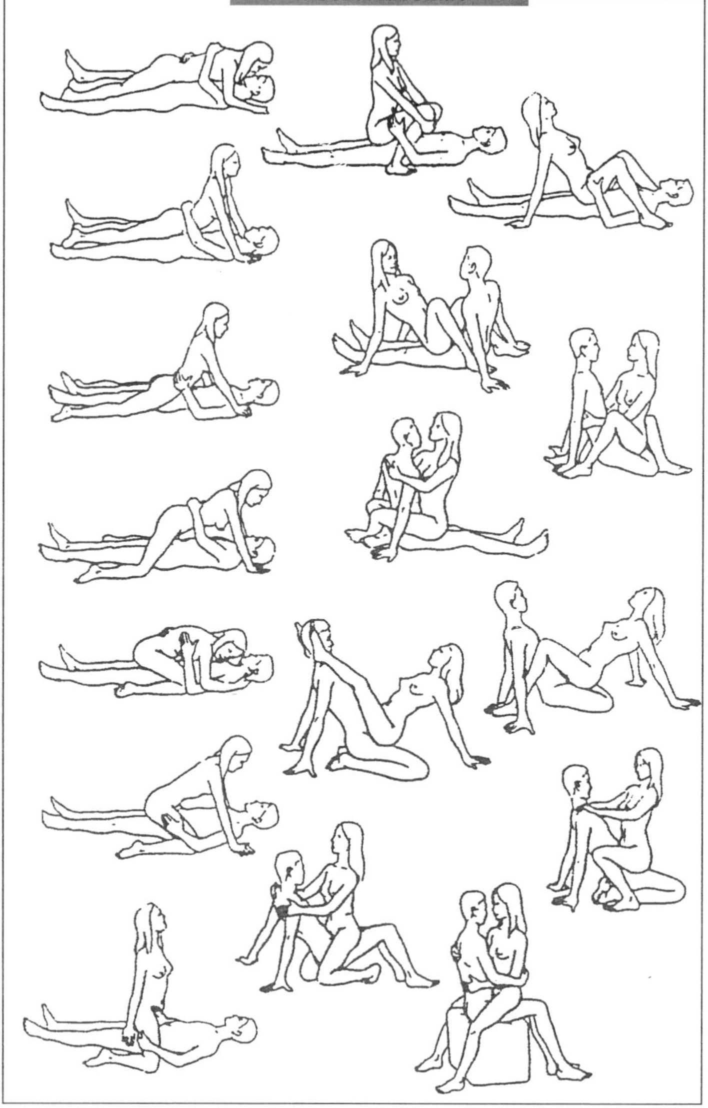

HOMBRE ENCIMA

Capítulo 7

SEXUALIDAD Y TEOLOGÍA

«¿Amigos o enemigos?»

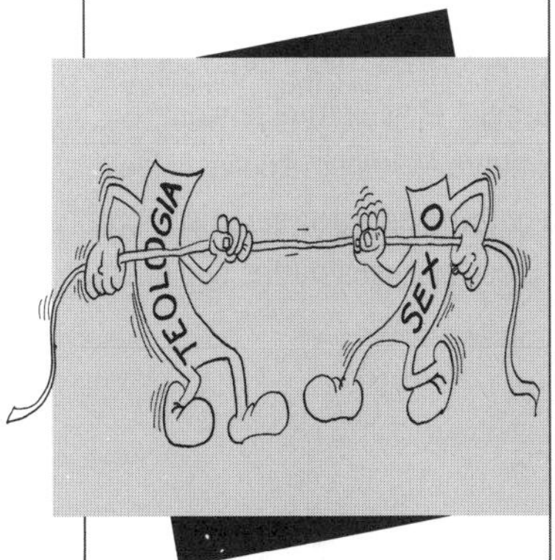

1. La sexualidad y la tradición cristiana

Gran parte de muchos malentendidos en la ética sexual, surgen durante los primeros siglos. Recordemos que del siglo II al V los padres de la iglesia se enfrentaron a un gran número de movimientos religiosos, y especialmente uno filosófico, que sostenía la concepción dualista en la que el espíritu era lo bueno y la materia lo malo, ambos absolutamente incompatibles. Observemos algunos de estos grupos:

a. La filosofía gnóstica

Nace en Persia y los padres de la iglesia fueron los que comenzaron a enseñar estas doctrinas ajenas a los texto sagrados. Los gnósticos influyeron grandemente en los primeros cristianos; hombres como Marción, Basilides, etc., la mayoría consideraban al cuerpo como fruto del mal, fuente de impureza para el alma. Esta concepción no era porque sí, ya que ellos creían que lo material había sido creado no por Dios, sino por demonios llamados demiurgos. Éstos incluso habían tenido relaciones sexuales con Eva, y así nace la humanidad. Por eso, casarse o tener relaciones sexuales era algo terrible, algo demoníaco. Había entre ellos dos grupos: los que lastimaban el cuerpo torturándolo, pues lo importante era el espíritu y los que le «daban rienda suelta» a los apetitos, ya que no importaba mientras cultivasen el espíritu. El gnosticismo está fundamentado en el dualismo platónico y parte de estos conceptos.

b. *Los encratitas*

Sostenían el ascetismo. Por ejemplo, afirmaban que todo cristiano debía vivir como un asceta alejado del «mundo y sus placeres sensuales».

c. *Los novacianos*

Eran ascetas al extremo. Ellos sostuvieron la abstinencia sexual como un estilo de vida superior.

d. *El maniqueísmo*

Alcanza su esplendor en el siglo III d.C. Toma elementos del zoroastrismo y de Babilonia.

Sostiene que hay dos principios que actuaron en la creación del cosmos: uno bueno y otro malo. Creían que el cuerpo estaría bajo la acción del malo, y el mundo espiritual del bueno.

El hombre sería la acción de ese doble principio que mora en su ser. Esa lucha es en su interior, el cuerpo es la cárcel y el espíritu el prisionero.

Ellos podían casarse pero debían totalmente abstenerse de las relaciones sexuales procreativas, ya que sería dar nuevamente a un ser prisionero. Todo su ser está hecho para el pecado, su cuerpo y sus partes son malas y sucias.

e. *Los estoicos*

Fue en el siglo III a.C. que Zenón funda en Grecia la escuela estoica. Entre todo este ambiente de ascetismo, gnosticismo y, por qué no, de erotismo reprimido, comienzan los primeros esbozos de la sexualidad como medio *solamente para la procreación.* Los estoicos decían que se debían evitar las relaciones sexuales cuando la mujer estaba ya embarazada, ya que era absurdo sembrar una nueva semilla en un campo que ya estaba plantado. Ellos querían que el hombre fuese feliz. Esto podía ser en la medida que la razón, el «logos», les hace darse cuenta de cómo son las cosas. Ellos pueden dominar sus impulsos y sentimientos. Decían que los sentimientos o las pasiones, el *pathos*, eran los peores enemigos del hombre; éstas debilitaban, encegaban y justo entonces podrían entrar al reino de la «apathia» (sin sentimientos). Un estoico decía: «no hagas nada por puro placer». Por eso, el acto sexual es considerado sin sentido. Ellos lo veían como algo inmoral y reprobado. Recordamos que el apóstol Pablo se encontró con ellos en Atenas (Hech. 17:18). Para ellos la «virtud» justamente era este dominio, algo que en nuestras iglesias conocemos muy bien, ya que este valor ajeno a la Biblia influyó en las primeras iglesias y padres. Para los atenienses los impulsos estaban en el alma, las sensaciones en el cuerpo, y en la mente el control para dominar las otras.

f. *Los priscianistas*

Los priscianistas rechazan el matrimonio a ultranza por la relación «corporal y placentera». Con el correr del tiempo fueron surgiendo la condenación del matrimonio, la condenación de las segundas nupcias, etc. Así nace el celibato como un estado «superior» al matrimonio, como «la mejor forma» de servir a Dios. Aún existía una institución asceta que eran los «célibes que cohabitaban» bajo un mismo techo. Así fueron apareciendo los que querían seguir a Dios en forma «superior», o los que querían ser sólo cristianos «ordinarios».

g. *La tradición de la iglesia*

En el siglo IV el cristianismo es aceptado por el Imperio Romano y todos los conceptos anteriormente citados estaban ya en la religiosidad popular, especialmente la virginidad como «vida cristiana superior» con respecto a quienes mantenían prácticas sexuales. Los padres de la iglesia se ocuparon mucho de este tema; por ejemplo: Tertuliano, S. Atanasio, Gregorio de Nisa, Juan Crisóstomo, Ignacio de Antioquía, Clemente de Alejandría, etc.

La mutilación voluntaria estaba a la orden del día; y, literalizando el pasaje de Mateo, muchos se castraban. El ejemplo más claro está en Orígenes, que, luego de mutilarse en medio de cánticos religiosos, tiró sus testículos bien lejos.

Es San Agustín en el siglo IV quien prohíbe este fanatismo, «desliteralizando» la frase de Mateo.

El estado casi «sobrenatural» de la virginidad se encontraba a varias millas de distancia por encima del matrimonio, considerado ya inferior y secundario. Aun dentro del matrimonio se exalta la castidad y el control sexual.

h. *San Agustín*

No podemos pasar por alto al pensador que aún hoy es conocido por otros hechos (San Agustín), que fue más allá de sus contemporáneos al afirmar que el acto conyugal no es pecaminoso en sí mismo, pero sí el único medio para que se transmita el pecado original. Es interesante señalar la influencia del pensamiento maniqueo y platónico en San Agustín; sus seguidores consideraban el deseo sexual como algo pecaminoso por la violencia y vergüenzan que acompañan tal acto. Solamente los hijos podrían paliar esto tan terrible, de ahí que la única finalidad de la sexualidad era la reproducción. Esto está implícito al sostener que el pecado original se transmite por vía sexual.

La única finalidad de la sexualidad eran los hijos. Nacía un hijo, era una bendición de Dios, pero también nacía el pecado original dentro del marco de la fidelidad ya que el matrimonio se consideraba indisoluble. Los primeros cristianos (al igual que muchos hoy) buscaban en las Escrituras pasajes que pudiesen fundamentar sus propias ideas.

Equiparaba a la sexualidad con el acto animal, el proceso procreativo era meramente corporal. El sexo correspondía al cuerpo y el matrimonio estaba llamado a vivir un amor superior que el de los cuerpos. Así si un matrimonio no podía tener hijos, no tenía razón de tener relaciones.

También entre estos siglos existió el «casamiento espiritual». Vírgenes conocidas como «agapetas» vivían con los miembros del clero como «esposas espirituales»...

En aquella etapa la concepción de la sexualidad era negativa, placer y pecado eran sinónimos, sexo e hijos eran una ley, y virginidad y Dios eran hermanos. Aun se prohibían las relaciones a aquellos matrimonios que no podían tener hijos.

No cabe duda de que existía quienes no pensaban así y combatían todas estas ideas. De este período se va desarrollando la historia de las doctrinas.

Cuando llegamos al principio de la Edad Media (siglos VI al X), en el catolicismo aparecen los «manuales penitenciales» que mostraban las penitencias que correpondían de acuerdo a los pecados cometidos. A los matrimonios estériles se les imponía la abstinencia, el placer sexual era implícitamente considerado como pecaminoso; esto se ve muy claramente, ya que durante determinadas fechas se prohibían las relaciones sexuales: los domingos, ciertas fiestas, etc., por ser «tiempos sagrados».

Por ejemplo, los jueves no se podían tener relaciones en memoria de la captura del Señor, los viernes respetando la memoria de su muerte, los sábados en memoria a la virgen María, los domingos en homenaje a su resurrección, los lunes en conmemoración a los muertos, y ¡los martes y miércoles libre! siempre que no fuesen días de ayuno o festividades religiosas.

Éste es el germen de alejamiento entre lo «espiritual» y lo «sexual», herencia que pesa aún en los días de hoy a nivel social y religioso. Estaban prohibidas las relaciones durante la menstruación por la creencia de que podían nacer hijos deformes.

Basta como ilustración citar algunos penitenciales:

–**Polución nocturna:** Recitar 15 Salmos y 7 días de ayuno.
–**Polución deliberada (con ayuda manual):** Ídem al anterior más 20 días de ayuno a pan y agua.
–**Fornicación de clérigos:** Penitencia de 3 años.
–**Fornicación de obispos:** Penitencia de 12 años
–**Fornicación de laico:** Un año de ayuno a pan y agua (y si nacía un niño dos años más).

El penitencial Cuncano del siglo XIII prescribía lo siguiente para los actos homosexuales:

–**Beso simple:** 8 ayunos
–**Masturbación mutua:** 20 a 40 días de penitencia
–**Felatio:** 4 años de penitencia
–**Sodomía:** 7 años de penitencia

En los siglos XI al XIV (alta Edad Media) se sistematiza la teología, la síntesis tomista y la discusión escolástica sobre estos temas. Se creía que el semen masculino era el único elemento activo en la reproducción y que la mujer era el receptáculo pasivo de aquella semilla.

El pensamiento del apóstol Pablo fue, una vez más, mal interpretado, asociando impulso sexual con «codicia», «pasión», etc.

i. *El puritanismo*

Nace en los países anglosajones en los siglos XVI y XVII. Para ellos estaba desprovisto de amor, era solamente un acto carnal. El hombre está corrupto por el pecado, no es bueno ni puede llegar a Dios. El instinto sexual por ende es malo, pecaminoso. El matrimonio era para los hijos, no para «satisfacer la concupiscencia» (de ahí que buscas satisfacerlos «fuera de la casa»). Nuevamente el ascetismo y castidad se hacían presentes.

En la Edad Moderna (XV al XIX) aparecen los manuales de moral, al punto que se llega a distinguir los pecados sexuales «conforme a natura» y «contra natura». Los pecados «contra natura» eran la masturbación, homosexualidad, bestialismo y sodomía. Los pecados «conforme a natura» eran la fornicación, el adulterio, el incesto y la violación, porque éstos mantenían la posibilidad de la procreación y eran condenados en forma menos graves que las «contra natura» porque estas últimas sí iban en contra de la procreación y eran pecados más graves.

Son interesantes también las opiniones sobre la masturbación. En el siglo XVIII un clérigo anónimo inglés usó expresiones durísimas para referirse a la masturbación. Establecía un paralelo entre la masturbación y el pecado de Onán (Gn. 18:6-10). Ésta es una de las enseñanzas más erróneas difundidas.

Dice la Biblia que Judá y Sua se casaron y tuvieron un hijo llamado Er, otro hijo menor llamado Onán, y un tercer hijo llamado Sela. Er se casó con Tamar, muere Er y Judá por la ley del levirato le dijo a Onán que le diera un hijo varón. Al tener relaciones, Onán «vertía en la tierra» (es decir el coito interrumpido). La ley del levirato (levir: hermano de esposo) exigía que si un hombre moría sin dejar un heredero varón, su hermano estaba obligado a casarse con la viuda y proporcionarle un hijo, que llevaría el nombre del muerto y recibiría la parte correspondiente de la herencia familiar (Dt. 25:5-10). El levirato aseguraba un heredero al israelita muerto, evitando de este modo peleas y litigios que resultarían inevitables en el caso de que la viuda buscara un nuevo marido fuera de la familia. Sobre este trasfondo hay que entender el famoso pecado de Onán, que no tiene nada que ver con la masturbación, el «desperdicio de semen» ni «prácticas anticonceptivas rechazadas» por Dios. Su temprana muerte se debió, no a que derramara su semen en la tierra, ni por negarse a cumplir su obligación de engendrar un heredero a su hermano muerto, ya que el castigo frente a quien no hiciera esto era ser degradado y deshonrado públicamente (Dt. 25.7-10). Al simular que cumplía sus obligaciones como cuñado, pero impidiendo al mismo tiempo la posible concepción de un heredero varón, ONÁN TRATABA DE ROBAR LA HERENCIA DE SU HERMANO. Ése fue su pecado a los ojos de Dios: jugar con los órganos se convirtió en un pecado mortal.

En 1758 un médico francés llamado Tissot, escribió *El onanismo: disertación sobre las enfermedades producidas por la masturbación.* Decía que toda actividad sexual era peligrosa para el cuerpo porque agotaba los nervios hasta la locura, que la masturbación llevaba siempre «al exceso» (idea que muchos tienen hoy) y que la melancolía, epilepsia, tumores, hemorroides, ceguera, imbecilidad, eran un preaviso del fuego del infierno. Así nace el concepto de la «locura por masturbación» pudiendo llegar aun a producir la muerte.

Luego, otros escribieron que no sólo era pecaminosa sino que desde la «ciencia» era perjudicial en todo sentido. Para combatir esta enfermedad se crearon jaulas genitales, parecidas a los cinturones de castidad, e introducían los penes de los varones en tubos forrados de clavos para impedir las erecciones. Otros llevaban a cabo operaciones quirúrgicas donde se extirpaba el clítoris, quemaban la piel genital mediante corriente eléctrica o un hierro candente, y como método extremo se usaba la castración.

Por horroroso que parezca, ponemos el caso de un médico cirujano del hospital St. Johns, que sometió a una niña de 7 años que se masturbaba y se la consideraba nerviosa, a múltiples tratamientos sin efecto positivo, desde la colocación de emplastos hasta la intervención quirúrgica del clítoris. Junto con otros médicos consideraron la operación «exitosa».

El reverendo Sylvester Graham en 1830 elaboró una harina especial para combatir la lujuria; hoy son los bizcochos que llevan su nombre. En 1898, uno de sus seguidores John Kellog, creó un cereal para el desayuno para ayudar a disminuir el deseo sexual: ¡los famosos copos de maíz!

Los médicos sugerían también a los padres envolver a sus hijos en sábanas mojadas frías, atar las manos a los postes de la cama o atar las piernas juntas.

Afortunadamente, con los años aparecen los propugnadores del placer sexual como algo natural y bueno, y los descubrimientos científicos sobre la sexualidad en general.

Así entonces, llegamos a algunas conclusiones sobre la visión histórica de la sexualidad:

–La sexualidad como algo sucio y pecaminoso
–Algo inhumano, animal
–Como medio de procreación
–Como algo meramente carnal sin afecto
–La mujer, la tentadora y pervertidora, el hombre la víctima
–El placer, medio de alejarse de Dios
–Exaltación del ascetismo y virginidad
–Desespiritualización del sexo

2. La sexualidad y la Biblia

La Biblia plantea la sexualidad como algo maravilloso y bueno (Gn. 1:31), éste es el pilar fundamental de la ética cristiana.

La Biblia es un libro muy sexual ya que en él se relatan historias y principios muy variados, pero su objetivo, recordemos, no es un tratado de «sexología moderna» o «manual ilustrado de prácticas sexuales»; su finalidad es otra. Por eso, muchos temas que atañen a la sexualidad, fuera de la Biblia, van por cuenta personal de cada creyente.

A su vez cada aspecto bíblico debe ser visto a la luz de sus costumbres, historia y trasfondo.

La Biblia muestra desde el comienzo al ser humano como alguien sexual. Dice Génesis 2:18:

> «Y creó Dios al hombre a su imagen, a imagen de Dios los creó; varón y hembra los creó.»

El texto afirma que se «es» varón o mujer, y no como alguien poseedor de un sexo. Dios es el creador de la identidad de género y hay en lo más profundo del ser humano el sentimiento de ser imagen del creador.

También dice Génesis 2:24, 25:

> «Por tanto dejará el hombre a su padre y a su madre, y se unirá a su mujer, y serán una sola carne. Y estaban ambos desnudos, Adán y su mujer y no se avergonzaban.»

Ya desde el comienzo la Biblia habla del sexo; «ser una sola carne». La sexualidad aparece como un punto de unión entre dos personas que se aman. Esta unión placentera da al hombre y a la mujer un sentimiento de mutua dependencia.

Tal como vemos en Génesis 2:23, cuando Adán ve la creación de Eva exclama: «Es huesos de mis huesos y carne de mi carne.»

Por tanto, la primera finalidad del sexo *no es la reproducción*. Lo que sucede es que tenemos dos tradiciones distintas sobre el origen de la creación. En la primera se afirma que Dios creó al hombre a su imagen y lo bendijo diciendo: «creced y multiplicaos, llenad la tierra y señoreadla completamente» (Gn. 1:28). En este relato el hombre es la cumbre de la creación. Los imperativos del texto son cuatro: creced en número, multiplicaos, llenad la tierra y señoreadla. Los tres primeros tienen que ver con el sexo. En el segundo relato del Génesis, el foco no está puesto en la reproducción, como muchos «padres de la iglesia» y religiosos enseñan; sino en el placer, en la UNIÓN, el pertenecerse el uno al otro. Así lo expresa magistralmente el famoso teólogo D. Bonhoefer en *Creation and fall,temptation*, N.Y. 1959, pag. 62.

En Proverbios 5:18, 19 leemos:

> «Sea bendito tu manantial y alégrate con la mujer de tu juventud, como cierva amada y graciosa gacela. Sus caricias te satisfagan en todo tiempo, y en su amor recréate siempre.»

La unión tan íntima que implicaba la sexualidad era una unión corporal, de ahí el énfasis del pueblo hebreo de no descubrir la desnudez del otro; ya que ver al otro desnudo era penetrar en su intimidad.

Pertenecer al otro es encontrarse con uno mismo.

La sexualidad aparece dentro del marco del matrimonio como algo maravilloso que la pareja puede disfrutar en su plenitud (aunque también los evangélicos están marcados por la represión). Dice 1 Corintios 7:3-5:

> «El marido cumpla con la mujer el deber conyugal y asimismo la mujer con el marido. La mujer no tiene potestad sobre su propio cuerpo, sino el marido; ni tampoco tiene el marido potestad sobre su propio cuerpo, sino la mujer. No os neguéis el uno al otro, a no ser por algún tiempo de mutuo consentimiento...»

Algunos aluden a las palabras de Pablo en 1 Corintios 7:36-38: «Bueno le sería al hombre no tocar mujer» para fundamentar el ascetismo del apóstol. Tengamos en cuenta que el apóstol está contestando una carta que los corintios le habían escrito preguntando sobre estos temas. Pablo responde con un «bueno», enfatizando como «normal», «sano», si el hombre forma pareja o no. Es como si dijese: «un hombre soltero que no toque una mujer es normal». Por eso, en los versículos 3, 4 y 5, dice a los casados que se brinden mutuamente en el acto sexual.

La sexualidad es algo que involucra a toda la persona aun lo corporal. Muchas veces se ha malinterpretado al apóstol Pablo como alguien despreciativo de lo corporal. Basta para aclarar el malentendido con un pasaje en 1 Corintios 6:19, 20:

> «¿O ignoráis que vuestro cuerpo es templo del Espíritu Santo, el cual está en vosotros, el cual tenéis de Dios... glorificad pues a Dios en vuestro cuerpo.»

En algunos pasajes el apóstol habla de «las obras de la carne» o la lucha contra «la carne y el espíritu». De ninguna manera habla del «cuerpo contra lo espiritual» (interpretación netamente gnóstica), sino que al referirse a la «carne» habla de los sentimientos de odio, destrucción, y asiento de maldad más profundo que una persona puede tener, es lo que va en contra de la voluntad de Dios. Por eso dice que las borracheras, las orgías, el odio, etc, vienen de la «carne» (Gá. 5).

La sexualidad aparece como una mutua entrega, una mutua dependencia.

El autor de Hebreos dice en 13:4:

> «Honroso es en todos sus aspectos el matrimonio y el lecho es puro pero Dios juzgará a los fornicarios y a los adúlteros.»

Es interesante señalar que la palabra «lecho» en el griego (idioma original del Nuevo Testamento) es *koiti*, su raíz es la misma de la palabra «coito».

En el latín aparece la idea de *coire*; es decir «ir juntos», los evangélicos creen que la sexualidad es algo más que una descarga biológica, es también la unión de dos personas que van juntas por la vida con un proyecto en común.

La palabra «honroso» (*timios* en griego) significa algo de gran valor o precio, «algo precioso». El autor enfatiza la idea de matrimonio como algo agradable en todos sus aspectos. Los evangélicos aceptan la expresión de la sexualidad con amplia y total libertad siempre y cuando sea hecho todo en mutua dependencia, aceptación y sin maldad. En cuanto a los métodos anticonceptivos los evangélicos aceptan que la pareja en libertad elija su forma de control de la natalidad y el número de hijos que desean tener (si es que desean tener).

Es interesante que esta unión de los sexos implica no sólo el placer, la unión y los hijos, sino también la intimidad.

La palabra sexo no aparece en la Biblia, pero sí el verbo «conocer» que en hebreo se usa como sinónimo de relaciones sexuales. El mismo verbo se usa para animar al hombre a «conocer» más a Dios. (Gn. 4:1).

La palabra griega *ginoskim* y la latina *cognoscere*, originalmente significaban «tener relación sexual», y más tarde se usó como algo relacionado con lo intelectual.

El placer sexual es una creación de Dios para todo hombre y mujer. Dios aparece como el creador de la sexualidad y el amor. La Biblia afirma con toda claridad que Dios crea la sexualidad, y *en ningún momento* se la presenta como algo culpógeno o sucio. Por eso dice Génesis 1.31:

> «Y vio Dios todo lo que había hecho, y he aquí era bueno en gran manera.»

El sexo aparece sin prejuicios al punto de presentar la analogía entre Dios y su pueblo como algo relativo a las relaciones sexuales, a la mutua fidelidad e infidelidad.

También es importante señalar el pecado cometido. Por ejemplo, Dios habla de las fornicaciones de Israel al adorar a otros dioses; véase Éxodo 34:15, Deuteronomio 31:16, Oseas caps. 1, 3. Jeremías se refiere al pueblo de Israel como la «mujer de Jehová» (Jer. 2:23, 30:14, 31:22, etc.), e Isaías 54:5 a Dios como «marido». El pecado de Adán y Eva no se debió a descubrir sus genitales o tener relaciones sexuales (como muchos creen). El pecado consistió justamente en la desobediencia, la independencia de Dios; en querer ser el hombre su propio dios. Cuando el hombre se aleja de Dios, se acerca a los dioses. Cuando el hombre deja de creer en Dios comienza a creer en cualquier cosa.

El sexo en la Bibia no se desprecia ni se engrandece. En ningún lugar se fomenta el ascetismo o la divinización del mismo; sólo aparece como la unión que nace del amor de dos personas.

Feuch, en su obra *Sex and the church*, Concordia House, manifiesta:

> «La sexualidad es el medio a través del cual se expresa el amor. La unión de dos cuerpos no pueden por sí misma producir amor. Sólo puede expresar un amor ya existente.»

Otra finalidad del sexo se expresa luego en Génesis 1:28:

> «Y los bendijo Dios, y les dijo: Fructificad y multiplicaos...»

Los hombres pueden crear, tener hijos; sin lugar a dudas es uno de los milagros más maravillosos, por eso aparecen en el Antiguo Testamento, los hijos como un don de Dios (Sal. 127.3), una bendición (Sal. 128.4).

Decimos, para concluir, que para el pueblo creyente el objetivo principal de la sexualidad es la comunicación, el amor y la unión de aquellos que se aman teniendo como centro de sus vidas al Señor del universo: Jesucristo.

3. La sexualidad y Jesús

Las referencias de Jesús hacia la sexualidad son pocas, en realidad Él fue más allá de las observancias de su época, para decir que no son los actos externos lo que «contaminan» sino lo que sale del corazón (Mt. 15:1-20). El acto en sí era el foco para los religiosos de la época, pero Jesús va a decir que no sólo el acto puede ser contrario a la voluntad de Dios, también las intenciones, las motivaciones más internas del hombre que Dios también conoce (Mt. 5:27, 28). Jesús puso el acento en la persona y no en los ritos (Mateo 2:27). Defendió a los indefensos y despreciados (Mr. 2:15), elevó a la mujer y se relacionó con ella (Mr. 5:21-43), comía con «prostitutas y pecadores». Jesús no proclamó una nueva ética sexual, sino que humanizó la anterior, vino para situar al hombre y a la mujer en plano de igualdad, respeto y dependencia el uno del otro.

El apóstol Pablo es quien va a dar un nuevo aspecto a la sexualidad. En la Grecia del apóstol, los griegos decían que había mujeres para el amor y mujeres para el sexo.

Por ejemplo los griegos decían:

> «Tenemos prostitutas para nuestro placer, concubinas para las necesidades cotidianas y esposas que eduquen a nuestros hijos legítimos y a las que se pueda confiar la guarda del hogar.»

Pablo va a condenar la prostitución, práctica corriente en su época. Los hombres (casados o no) podían mantener relaciones con los esclavos y prostitutas abiertamente. El apóstol va a decir que esto se opone totalmente al plan de Dios con respecto a la sexualidad.

Ver, por ejemplo, Gálatas 5:19; Efesios 5:3-5; Colosenses 3:5; 1 Corintios 5:9-12, etc. En aquella época era conocido el puerto de Corinto por su templo de Afrodita atendido por más de un millar de prostitutas.

Pablo condena la «fornicación», que en un primer momento designaba literalmente el verbo «vender», aplicado a los esclavos ya que las prostitutas eran frecuentemente vendidas como esclavas; luego se amplió el significado a todo tipo de inmoralidad sexual, relaciones extraconyugales, premaritales, etc. Pablo retoma el concepto de Jesús sobre la fidelidad pero desde otro ángulo.

El apóstol habla frecuentemente del «deseo» o «codicia» (*epitimía* en griego) como el impulso egoísta que busca satisfacerse a sí mismo sea a nivel sexual, de alimentación o de conducta. También habla del «libertinaje» (*aselgia*) y la «impureza» (*akatarsia*) relacionados con la prostitución y el egoísmo, 2 Corintios 12:21, etc.

El apóstol reafirma la dignidad de las mujeres y su igualdad frente a los hombres; va a decir en Gálatas 3:28:

> «Ya no hay judío ni griego; no hay esclavo ni libre; no hay varón ni mujer; porque todos vosotros sois uno en Cristo.»

No cabe duda que es Jesús quien nos va a enseñar tanto sobre la sexualidad y el amor. Nos gustaría terminar esta parte con las palabras que hemos escrito en otra parte:

> «Nuestro Señor es el mejor ejemplo, no hay en él tabú ni ascetismo con respecto la sexualidad. Aun su celibato no es dado como un estado de vida superior, ni un ejemplo a seguir. Muchos de sus apóstoles eran casados y esto no estorbó en nada su misión de expandir el reino. Su celibato ni es aun comentado.
>
> »Se presentó como amigo del matrimonio, lo dignifica en el marco de la fidelidad total, llegando a decir que incluso Dios interviene en esa unión.
>
> »No se presentó como enemigo del cuerpo, ni asceta, ni esenio, no marcó dualismo entre el "cuerpo" y el "espíritu". Su ministerio comenzó con una fiesta (Jn. 2) y no rehusaba ir de casa en casa para encontrarse con la gente sin importar su condición religiosa, pecado ni status social. No guardaba el ayuno (Mr. 2:18-19), y era acusado de comilón y bebedor, amigo de publicanos y pecadores (Mt. 11:19). No se asiló del mundo ni "temió contaminarse" como los fariseos. No fue un faquir, ni siquiera un monje místico.
>
> »Su actitud hacia las mujeres no fue de desprecio, ni de racismo, ni de machismo. No hay en él misoginia, ni agresión ni desconfianza. Eleva a la mujer a la categoría de ser humano igual que el varón. Se deja servir por las mismas (Lc. 8:2), deja que le adoren y le besen los pies (Lc. 7:36-50) incluso tiene amigas mujeres (Lc. 10:38). Se interesa por los niños, los ve como seres humanos en un contexto donde los mismos no tenían ni voz ni parte. Se presenta como el mismo Hijo de Dios, pero puede lavar los pies a los discípulos, enseñarles con paciencia las verdades del reino y dar la vida por nosotros...
>
> »No está atado como los religiosos a "fórmulas" y a "mandatos"; es libre, es creativo, elige y hace descubrir a los hombres que también ellos pueden elegir. Muestra un Dios de amor, no

policíaco, sádico, tirano, malo y castrador con el ser humano. Un Dios de amor que lo encarna él mismo y nos da su ejemplo. Invita a todos los seres humanos a recuperar la vida y la libertad en él, a encontrar la luz, la puerta, la paz...

»Viene a decirle al hombre que la vida es maravilosa, que hay que disfrutarla, que todo lo ha puesto Dios para el hombre y que todo esto puede potencializarse si es vivido con él.

»No condenó a los que vivían una sexualidad "desviada", los llamó para ayudarlos y decirles que aún hay esperanzas de ser nuevas personas. Orientó a los perdidos, dio paz a los afligidos, sanó a los enfermos y resucitó para dar vida en abundancia.

»Condenó la hipocresía, el legalismo, el ascetismo, la injusticia.

»No dijo nada directamente sobre la sexualidad, pero sí dijo sobre el amor como fundamento de la vida, ya que lo más importante de todo es "amar a Dios y al prójimo como a uno mismo".»

Capítulo 8

FACTORES CONDICIONANTES DE NUESTRA SOCIEDAD

«Los frenos del placer»

1. Introducción

Los conceptos que poseemos sobre el sexo y sobre nuestra sexualidad no surgen de la nada, hay todo un bagaje personal e histórico. Los factores educacionales que fuimos recibiendo desde múltiples lugares, los «mandatos» sobre qué «es» y «no» es la sexualidad que nos ha marcado la iglesia, nuestras familias, nuestras amistades, las comunicaciones callejeras, los mandatos de los medios de comunicación, etc., etc. Este contexto conforma una serie de la complejísima red de estímulos que van a influir y marcar nuestra concepción y sensación de la sexualidad.

Estos factores educacionales son de alguna manera inevitables para cualquier ser humano que vive en este planeta e influirán incluso en su concepción sexual como adulto, ya que la mayoría pueden operar en forma inconsciente.

Veamos algunos de ellos.

2. Los conceptos religiosos

No hace mucho tiempo nos visitó en Argentina el conocido Dr. W. Masters. Tuvimos la oportunidad de preguntarle qué papel jugaba la religión en los conflictos sexuales. Su respuesta fue que la religión podía ir en dos sentidos opuestos: ser un motor importante en la creación de problemas sexuales o ser terapéutico y facilitador de una mejor sexualidad.

En varios de sus trabajos, Masters y Johnson marcaron algo que como creyentes en Cristo no debemos olvidar y es que las ideas religiosas muy ortodoxas eran la causa de disfunciones sexuales en un alto número de pacientes.

Nosotros avalamos totalmente esta concepción que seguramente para muchos pastores puede resultar desagradable, pero nada peor que negar nuestra propia realidad. En un libro anterior he señalado cómo ciertas ideas y conductas en nuestras iglesias pueden llevar seriamente a la neurosis obsesiva, al delirio místico o al infantilismo. La sexualidad no está exenta de esta influencia.

En el capítulo sobre teología y sexualidad ya hemos profundizado estos aspectos.

Miremos algo sobre el controvertido tema «qué es normal y qué anormal». A lo largo de charlas, talleres, conferencias realizadas en iglesias, campamentos o grupos juveniles, surge siempre la cuestión: ¿es pecado el sexo oral?, ¿es normal el sexo anal?, ¿qué es normal y qué anormal?, ¿cómo puedo saber qué es lo que quiere Dios y qué es lo que no quiere? Y así de forma interminable.

Dentro del mundo cristiano se mezclan los conceptos entre «normal», «qué quiere Dios de mí» y «si es bueno o no».

Sabemos que años atrás vestir de tal forma, ir al cine o mirar TV. eran «pecado», hoy no lo es. Por otro lado, unos decían: «yo creo que es normal» y otros: «todo el mundo lo hace». Muchos se preguntaban cómo podemos saber que sí o que no. Algo puede ser normal y sin embargo no ser lo que Dios quiere, o puede ser algo anormal y bueno. Por ejemplo, cuando muchos dicen que la homosexualidad es normal, y no es ninguna perversión, lo están diciendo desde un ángulo o criterio de lo que se entiende por normalidad. Pero si analizamos la palabra «normal», vemos que no nos arroja mucha luz. El diccionario define el término normal así: natural, recto, ley, principio establecido, etc.

Lo que tenemos que entender es que existen distintos niveles de normalidad, distintos tipos, que pueden incluso contradecirse entre ellos. Veamos esos diferentes niveles.

a. *Concepto estadístico de normalidad*

Es el más frecuente y el más nombrado. La normalidad estadística está basada en el método matemático-cuantitativo.

Lo definimos como el estudio y la comparación de los hechos normales.

A esta normalidad le interesa lo cuantitativo, los números; no le interesa el cómo o ejercer una opinión moral al respecto; si «los tantos por cientos» crecen, o hay un 60% de las personas que tienen conductas homosexuales decimos que es «normal».

b. *Concepto filogenético de normalidad*

Nace del estudio por comparación con los mamíferos de los cuales provenimos (obviamente según este criterio). Al ver el reino animal, se estudian sus conductas y actitudes; por ejemplo, las conductas homosexuales, la masturbación, etc., son «normales» desde el criterio filogenético en los mamíferos superiores. El prestigioso Kinsey cometió el error de considerar que lo que era normal en los mamíferos, era normal en los seres humanos.

c. *Concepto legal de normalidad*

Este tipo se pregunta qué es lo que dicen las leyes, ¿es esto prohibido, o no, desde lo legal? No es «normal» (o legal) que a una persona transexual se la reconozca como tal (por lo menos en nuestro país). Para este criterio se parte desde lo legal o lo ilegal.

d. *Concepto social de normalidad*

Es el criterio sociológico de normalidad. Allí se estudian las variables de los pueblos desde un criterio grupal para establecer las costumbres sociales reinantes en los pueblos. Desde un criterio social, decimos que la paidofilia fue «normal» en Grecia. Desde la sociología se considera anormal lo que un pueblo considera que es nocivo para los mismos.

e. *Concepto moral de normalidad*

Aquí se parte de los valores que la persona tiene, de su trasfondo religioso y de sus valores familiares. La persona cree que no es «normal» (moral) tener sexo oral, o la homosexualidad, o si es «normal» el intercambio de parejas, etc.

Todos los seres humanos tenemos este aspecto PERSONAL que está nutrido especialmente de nuestra historia familiar. Mucho de lo que creemos «moral» en realidad es parte de nuestras viejas enseñanzas familiares, actualizadas y reelaboradas.

Como solemos decir, cada creyente tiene dos biblias, sí dos biblias. Una es la Palabra de Dios, la llamamos la externa para distinguirla de la biblia que tenemos en nuestra mente, la interna. Esta biblia interna son todos nuestros principios y valores; lo que nosotros vamos escribiendo allí a lo largo de nuestra vida. Sí, este canon no está cerrado, escribimos allí lo que a NOSOTROS nos parece bueno, malo, normal, inmoral, etcétera.

Pero, no termina todo allí. Con el correr del tiempo ¡lo escrito lo inspiramos por el Espíritu Santo! ¡Hasta llegamos a creer que es la misma Palabra de Dios! Y entonces comenzamos a leer la Biblia externa (la Palabra de Dios) y la empezamos a mezclar con la interna (la nuestra) y al leerla comenzamos sin darnos cuenta a mezclarlas... Llega un punto que no sabemos cuál es cuál, creemos que las dos son la misma.

Este sencillo esquema tal vez explique, por qué años atrás creíamos que vestirse de tal forma «era pecado» o «anormal» o ir al cine, o besarse en la boca...

Gran parte de la hermenéutica, creo, consiste en primer lugar en poder ser sinceros y decir «esto es lo que yo creo, lo que yo siento, lo que yo pienso que es moral o inmoral. No hacerle decir a la Biblia lo que a nosotros nos gusta. ¡Qué desafío de sinceridad!

Esto nos lleva al otro criterio de normalidad.

f. *Criterio bíblico de normalidad*

Este criterio es partir de lo que dice la Palabra de Dios (la externa) al respecto, pudiendo distinguirla de los aspectos culturales propios que allí se encuentran. Los creyentes basamos ahí nuestra fe, en la Palabra de Dios. Lo que allí dice es para nosotros lo que Dios quiere para nuestras vidas. Es su voluntad que por gracia y bajo inspiración del EspírituSanto nos dejó para poder vivir y llegar a ser como nuestro mismo maestro Jesús.

Podemos, pues, estar hablando de «normal» o «anormal» desde varios puntos de vista y no debemos confundirlos.

Cuando en 1974 la Asociación Americana de Psiquiatría desechó a la homosexualidad como trastorno de personalidad del manual de trastornos psicológicos, la consideró como «normal» desde el punto de vista estadístico-social-legal.

Al hablar de sexualidad, como consejeros debemos reconocer que no sólo intervienen los aspectos bíblicos que nosotros creemos, sino que también se movilizan aspectos «personales» en muchas de las conductas sexuales. Esto no está mal, lo malo es no reconocerlo y distinguirlo.

La represión juega un papel importante en el aconsejamiento pastoral, ya que nuestras propias inhibiciones y lo que nos desagrada a nivel sexual las terminamos haciendo bíblicas. Viene ahora a nuestra mente un caso visto en el Hospital de Clínicas de Buenos Aires.

> «Asistió a la consulta un señor de unos 55 años aproximadamente. Su motivo de consulta era que no tenía erección desde hacía bastante tiempo. Tras la revisión médica y la historia psicológica, se le dio el remedio y tratamiento correspondiente

a su caso, pidiéndole que asistiera de nuevo al mes siguiente. Pasadas las semanas, nuestro consultante apareció en el consultorio del hospital con una sonrisa radiante, contento y lleno de alegría:

–Parece que está contento, ¿cómo anduvo...?

–Gracias Dr., gracias, estuve hecho un toro, tuve unas erecciones tremendas, estoy contentísimo, recuperé la vida, gracias...

–Bueno, ¡cuánto nos alegramos!, y díganos, ¿cómo anduvo con su señora?, ¿qué pasó..?

–A no Dr., no pasó nada Dr,... mi señora es evangélica...»

3. Ausencia de educación sexual

La transmisión sin trabas ni tabúes son los pasos previos para una transmisión correcta de la sexualidad. Muchos adultos aún continúan, sin saberlo, con sus erróneas concepciones sobre la sexualidad y así transmiten, sin querer, ésta a sus hijos.

Enseñamos a nuestros pequeños hijos que el pelo «es pelo», a la oreja la llamamos «oreja», a la boca la llamamos «boca», pero cuando llegamos al pene surgen los más imaginativos «sinónimos», les enseñamos que eso es el «pitito», «pichurín», «la cosita», «el pajarito»; a la vagina le dicen «conchita», «cachucha», «polvera», etc.

Muchos padres se enojan cuando sus hijos les hacen una pregunta referente a lo sexual, señalándoles que «esas no son preguntas a tu edad», o «¿quién te enseñó esas porquerías?», o «cuando seas más grande te lo diré». Muchos padres se sonrojan frente a las inquietudes de sus hijos buscando ayuda al respecto, cuando son ellos los principales instrumentos de enseñanza para sus hijos.

La ausencia de una clara instrucción por parte de los padres pueden llevar a sus hijos a buscar información en otro lugar y así su confusión aumenta. *Son los padres los primeros que deben aprender lo referente a la sexualidad.* Es ésta una tarea que no se puede delegar.

La ignorancia de muchos les lleva a tener para con sus hijos actitudes erróneas en su instrucción; por ejemplo, al ver a su hijo tocarse decirle «eso no se hace» o «sucio, cochino, ya vas a ver cuando venga tu padre» o « te la voy a cortar si te sigues tocando». Aunque estos conceptos parezcan obvios, es sorprendente que aún se sigan enseñando.

A las niñas se les enseña que los hombres sólo «quieren eso», que son unos degenerados, sucios, cochinos, etc.

Otros padres equivocados enseñan a sus hijos –directa o indirectamente– que lo referente al sexo es pecado o inmoral reduciendo toda la sexualidad al mensaje «sólo es para el matrimonio». Se reprenden las erecciones que el niño puede tener involuntariamente, desconociendo la mecánica de la erección y tildándola de pecado, creando al niño una culpa severa y tremenda. Lo mismo sucede con las poluciones nocturnas que poseen muchos adolescentes; son enseñados que sus fantasías «eróticas» que acompañaron el sueño son pecado y deben confesarlo con urgencia.

Ni hablar cuando el niño comienza a tocarse explorando su cuerpo, actitud totalmente normal y saludable ya que la percepción de su propio cuerpo lo va descubriendo por sí mismo con el correr del tiempo; muchos desconocen que la masturbación infantil es privativa de *todos los niños*. La primera menstruación, a veces, es vista y vivida por la adolescente como algo sucio y como un castigo de Dios que hay que ocultar.

La rotura o pérdida del himen es considerada por muchos como una pérdida de la virginidad cuando ésta es proclive a romperse especialmente en niñas que practican varios deportes, acrobacia, etc.

Todos estos mitos e ignorancia prevalecen desgraciadamente en nuestras iglesias como «mandamientos bíblicos».

Muchos adultos siguen creyendo que el tamaño de su pene es importante para el placer en la pareja, o para su «virilidad» o que a mayor tamaño mayor autoestima cuando esto no tiene nada que ver.

En este punto nos gustaría repasar algunos conceptos que nos ayudarán a entender un poco más el amplio mundo de la sexualidad:

a. *Sexo*

Dice J. Money que sexo es «el carácter diferencial fuertemente orgánico». Es carácter diferencial; a veces habla de la diferencia «fundamental», dice que lo primero que aprendimos es mamá y papá. Es fuertemente orgánico porque es algo que se toca, que distingue machos de hembras, masculino de femenino.

b. *Sexualidad*

Sería el «conjunto de condiciones estructurales, fisiológicas, comportamentales y socioculturales que permiten el ejercicio de la función sexual humana».

Es una función consciente y condicionada por la cultura, que se ha derivado filogenéticamente de la función reproductiva, pero que es ejercida, en principio, de modo placentero o lúdico (función erótica) y, después, de modo reproductor, mediante el uso de zonas u órganos de especial sensibilidad.

c. *Género*

Es lo opuesto al sexo, es un concepto psicosocial. Es el *status* personal, social y legal de una persona como hombre o mujer, basado en un criterio que incluye lo somático y el comportamiento que más abarca el criterio de lo genital solamente (es el uso que yo le doy a mi sexo).

d. *Identidad de género*

Es la igualdad, unidad y persistencia de la individualidad de uno como hombre o mujer o ambivalente en mayor o menor grado especialmente como es experimentado en la autoconsciencia y la conducta (es de lo que estoy convencido que soy, este convencimiento se llama identidad de género).

e. *Rol de género*

Todo lo que una persona dice y hace para demostrar a otros o a sí misma el grado en que es del sexo femenino o masculino o andrógino; incluye sin restringirse a ello la excitación y la respuesta sexual.

4. Factores economicosociales

El investigador norteamericano Alfred Kinsey demostró hace 40 años que el comportamiento sexual tiende a modificarse por factores sociales, entre ellos y especialmente el económico.

Esto en nuestro contexto juega un papel muy importante. Nuestro déficit habitacional hace que muchas familias vivan en una o dos habitaciones afectando directamente la intimidad y la privacidad necesaria para toda pareja. Esto no quita que muchas parejas poseedoras de «hermosas» casas tengan esta intimidad y privacidad necesaria.

5. Factores traumáticos o conflictivos vividos en la infancia y la adolescencia

Muchos de estos factores son muy evidentes para que puedan pasar desapercibidos. La experiencia negativa más frecuente es cuando el niño es «sorprendido con las manos en la masa», esto es, especialmente cuando se está masturbando. El padre autoritario verá esta conducta como un castigo o un error que hay que corregir, acompañados de daños apocalípticos que le sucederán o castigos físicos y emocionales.

Las poluciones nocturnas del adolescente pueden provocar grandes inhibiciones en el mismo si no se le explica esta conducta normal. Lo mismo sucede con la menstruación cuando se transmite la idea del sexo como algo que es peligroso, sucio, pecaminoso, etc. Son sustos que bloquearán la sexualidad adulta llegando a provocar problemas de erección y aun frigidez en muchas mujeres.

El ataque sexual por parte de un adulto puede ser una conducta traumática que el consejero debe tener en cuenta, desde un manoseo hasta una violación. Sabemos que el abuso sexual infantil es más frecuente de los que nos imaginamos. Según las estadísticas 1 de cada 5 varones y 1 de cada 7 niñas serán víctimas de abuso sexual antes de que cumplan los 12 años de edad. Hemos desarrollado ampliamente este aspecto en otro lugar; baste ahora decir que no hemos encontrado iglesia, campamento, taller, etc., en la que no hayamos ministrado a alguien que fue abusado en su infancia.

La primera experiencia sexual juega un papel importante. Muchos han iniciado a sus hijos con prostitutas, donde el sexo aparece junto con el dinero, el pecado, y la falta de amor. La experiencia primera suele ser negativa cuando se colocan en ellas las marcas de ansiedad y expectativas, de ahí tantas frases como: «no debo cometer error», «debe tener varios orgasmos», «no debo decir lo que me gusta, que lo adivine», «no debo fracasar», «ella debe hacer lo que yo digo», etc.

Profundicemos un poco más en esto.

6. Algunos conceptos de sexo

Sería importante tener en cuenta algunos conceptos fundamentales y básicos que nos ayudarán a entender un poco más los distintos niveles de sexualidad del ser humano; cada etapa sienta las bases para la posterior.

a. *Sexo cromosómico*

Es el que fija la ley. Es el determinado por la presencia del genotipo XX femenino o del genotipo XY masculino, en las células somáticas. Cada célula de nuestros cuerpos tiene 46 cromosomas, siendo dos de esos cromosomas los del sexo. El óvulo tiene el cromosoma X, y el espermatozoide uno X y uno Y. La madre siempre aporta un X, mientras que el varón, en una eyaculación, lleva iguales proporciones de X e Y. Si la unión es XX decimos que es cromosoma femenino, si es XY cromosoma masculino.

Cuando en el momento de la concepción se unen el óvulo y el espermatozoide se fija una característica del desarrollo sexual de la persona: el sexo cromosómico.

b. *Sexo gonadal*

En los primeros días del desarrollo intrauterino, existe una gónada indiferenciada que aproximadamente al mes restante va a ir transformándose en ovarios o en testículos de acuerdo a lo que ordene el sexo cromosómico. Es la existencia de los órganos reproductores: testículos y ovarios.

c. *Sexo hormonal*

Está determinado por la producción de hormonas. Las producidas por el testículo son la androsterona y testosterona, y las femeninas son estrógenos y progesteronas.

La persona tiene más cantidad de hormonas masculinas o femeninas.

d. *Sexo óseo*

Es el establecido radiológicamente. Los huesos planos como el ilíaco son más delgados en la mujer; otros huesos son más gruesos en el varón, etc. (este criterio se ha abandonado en la actualidad).

e. *Sexo de crianza*

También llamado el sexo asignado, es la respuesta psicosexual de los padres, reforzado socialmente. Se refiere a cómo me hacen sentir mis padres, por ejemplo la madre que tiene una nena pero esperaba un varón y lo cría como tal. En muchas de las perversiones hay dificultades en el sexo de crianza.

f. *Sexo de vestimenta*

Es la objetivación para el entorno social del sexo de la crianza o asignado. Por ejemplo, el travesti tiene todo un trastorno en este punto. Era un varón, pero para castigarlo o ridiculizarlo se le vestía como nena.

g. *Sexo del esquema corporal*

Es el grado de sintonía percibido interiormente referido a los patrones somáticos admitidos como masculinos o como femeninos. Es decir, cómo vive uno su propio cuerpo (no cómo es su cuerpo desde lo físico). La anoréxica, por ejemplo, tiene una distorsión del esquema corporal: «me veo gorda» (cuando pesa 40 kg) o el adolescente que nos dice «tengo el pene chico», etc. En la pastoral es muy importante saber de qué forma siente cada uno su cuerpo.

h. *Sexo psicológico*

Es el producto o resultado de: sexo de crianza + sexo de vestimenta + sexo del esquema corporal = sexo psicológico. Es lo que se llama en psicología «identidad sexual».

i. *El sexo jurídico o legal*

Es el que consta inscrito en los registros legales: registro civil; es el sexo que señala nuestro documento de identidad. Con éste se rige la ley; un varón puede vestirse como mujer, pero desde lo legal es un hombre.

7. La salud sexual

Según opinión de Mc.Cary,[1] la sexualidad es aceptable si reúne estos tres requisitos:

–No ser dañina para ninguno de los participantes

–Llevada a cabo por personas adultas y responsables

–Es expresada lejos de la vista de observadores indeseables.

La Organización Mundial de la Salud (OMS) en 1975 definió la salud sexual del siguiente modo:

1. Mc. Cary *Mitos y falacias sexuales* Diana: México, 1973

«La integración de los aspectos somáticos, emocionales, intelectuales y sociales del ser humano sexual en formas que sean enriquecedoras y realcen la personalidad, la comunicación y el amor.»

Por consiguiente, los tres elementos para disfrutar la salud sexual serían:

–La posibilidad de disfrutar de una actividad sexual reproductiva equilibrando una ética personal y social.

–El ejercicio de la sexualidad sin temores, vergüenzas, culpas, mitos ni falacias.

–El desempeño de la actividad sexual libre de trastornos orgánicos, enfermedades o alteraciones que la entorpezcan.

8. Los fundamentos de un desarrollo sexual sano

a) Aceptación del cuerpo como algo positivo
b) Aceptación del cuerpo como fuente de placer o dolor
c) Aceptar la intimidad en las cinco áreas
d) Sentir curiosidad sexual sin culpa
e) Aceptar con placer y felicidad las experiencias placenteras
f) Glorificar a Dios en y con nuestra sexualidad
g) Aceptar todo como creación de Dios.

9. Las funciones del sexo

Creemos que son cuatro las funciones básicas: la procreativa, la del placer, la de autoestima y la de compromiso. A lo largo de la historia como hemos visto, siempre se enfatizó la primera, pero una sexualidad placentera y feliz implica las cuatro.

a. *La función procreativa*

Es la que corresponde a la propagación de la especie; es una de las funciones básicas dada a lo largo de la historia. La ley que opera aquí es la biológica, también conocida como la ley natural.

b. *La función del placer*

El tener acto sexual implica tener goce, placer. El mismo está inscripto en el cuerpo. El acariciarse, el tocarse, el besarse, el penetrarse implica un placer que está marcado y que nace del mismo cuerpo. Sólo una profunda represión puede hacer que este placer se anule. La ley que opera aquí es la fisiológica.

c. *Función de autoestima*

Estas últimas dos son las que a lo largo de la historia pasaron desapercibidas. La sexualidad ampliamente entendida implica un «orgullo saludable». Necesitamos que nos toquen, que nos miren, que nos acaricien; desde que nacemos tenemos esta necesidad. Si faltara, si es pobre o escasa repercutirá sobre todo nuestro ser. Cuando esto está presente, (como lo está en la relación sexual) fortalece nuestra autoestima, nos sentimos bien, queridos, amados. La ley que opera aquí es la psicológica.

d. *La función del compromiso relacional*

La sexualidad nos hace intimar, encontrarnos con el otro, entrar y salir del otro. Sabemos que en la cama no hay dueños. Los dos tienen pene, los dos pecho, los dos vagina. Cada parte del cuerpo de uno le corresponde al otro. Esto nos lleva a encontrarnos y fusionarnos con el otro. La ley que opera aquí es la psicosocial.

Capítulo 9

MITOS SEXUALES

«Las falsas verdades»

1. Introducción

A lo largo de la historia se han tejido en nuestro medio cristiano, e incluso en el secular, una serie de mitos que se han levantado como verdades casi inspiradas por el mismo Espíritu Santo.

A pesar de los avances científicos, los mitos nos acompañan desde el pasado, y, como sostiene Levi Strauss, son inherentes al pensamiento humano.

Un mito es una creencia errónea que se sostiene como verdadera. El objeto del mito para Levi Strauss es proporcionar un modelo lógico para resolver una contradicción. Tiene poco de intelectual y mucho de afectivo en su arraigo. El mito todo lo cree y todo lo puede sostener como verdadero.

Son anónimos en su origen y cuestionar estos mitos en las personas es como cuestionar casi la misma Biblia, aunque sean sólo eso: mitos.

El mito nos prohíbe preguntar, aprender y enseñar.

Son tantos los mitos sobre la sexualidad, que se podrían escribir gruesos volúmenes para explicar cada uno de estos. A todo se le suma la enorme cantidad de mitos «cristianos» que existen en nuestras iglesias sobre la sexualidad. Nos impulsa la finalidad de poder esclarecer algunos y poder brindar al pueblo cristiano una orientación científica de la misma, con el fin de poder desterrar toda ignorancia, confusión y tabúes, en la temática sexual.

2. Los mitos y el consejero

El conocer la verdad sigue siendo uno de los principios de liberación, tal como lo enunciase hace muchos años nuestro Maestro; la verdad es el eje central de la salud, de la libertad.

La actitud pastoral frente a la sexualidad involucra una postura múltiple; por un lado muchas veces tomará el camino de la información, otras el de la actitud tranquilizadora y otra como libertadora de traumas y represiones.

La actitud pastoral debe ser vivida. Si el consejero no puede vivir, sentir y disfrutar de su propia sexualidad es muy difícil que pueda demostrar con su consejo una sexualidad placentera, hermosa y natural.

Necesitamos –como consejeros pastorales–, hoy más que nunca, transmitir una sexualidad sana, que da placer, gozo y desterrar toda confusión, ignorancia y culpa falsa.

El desarrollar una correcta actitud hacia nuestra propia sexualidad entra dentro de la formación como consejeros en el área sexual. Muchas veces no podemos ver en el otro lo que no deseamos ver en nosotros.

Los consejeros sabemos que hemos de encontrarnos con las dos emociones pilares que tratarán de entorpecer nuestra labor pastoral: el miedo y la culpa. Una y otra vez coincidirán con nosotros, ya que muchos de los aconsejados están invadidos por estas emociones.

Basta con tocar el tema en nuestras iglesias comenzando, por ejemplo: cierren sus ojos y piensen en su sexualidad..., vean qué sienten..., qué recuerdos aparecen..., qué sentimientos se despiertan... Las respuestas en la mayor parte de los casos será de miedo, culpa o vergüenza. Los recuerdos serán en su mayoría de orden negativo, de ignorancia o confusión, y muy pocos los placenteros llenos de alegría y felicidad.

Nuestra formación cristiana en el área pastoral, y específicamente en el aconsejamiento, fue el de orientar en casos de depresión, neurosis, conflictos matrimoniales, pero muy poco en el campo de la sexualidad. La educación sexual en nuestras iglesias se limitó únicamente a que «la masturbación es pecado», que «las relaciones prematrimoniales son pecado»; y punto. Como una vez lo expresó un joven al decir: «Si ya nos dijeron que no la podemos usar; ¿para qué vamos a hablar de sexualidad si ya está todo dicho...?»

Las actitudes negativas, las malas interpretaciones teológicas, la herencia cultural y las experiencias infantiles han distorsionado el verdadero sentir y vivir de la sexualidad creada por Dios para placer del hombre.

Un concepto correcto y sano de la sexualidad es fundamental para la salud espiritual de cada persona, y para la salud mental. Hoy la ciencia nos ha brindado muchísimos descubrimientos en el campo de la terapia sexual, que serán utilizados ampliamente en este libro.

Volviendo al consejero, en este libro deseamos remarcar nuevamente lo importante que es, para el éxito pastoral, lo *que sentimos respecto a nuestra propia sexualidad*. Todo consejero antes de aconsejar en el área sexual debe revisar profundamente sus propios mitos, represiones y tabúes.

No basta con saber teóricamente que la sexualidad es algo maravillloso que Dios ha creado, hay que sentirlo... y vivirlo.

De ahí la pastoral se centrará en qué transmitimos y también en *cómo* transmitimos lo referente a la sexualidad. Podemos verbalmente expresar la sexualidad como un don de Dios pero, al mismo tiempo, transmitir con nuestra postura (actitud no verbal) culpa, vergüenza y miedo.

Hay muchos que en lo profundo de sus corazones creen todavía que hablar de una sexualidad placentera, amorosa y feliz es como indirectamente hablar del libertinaje, de la irresponsabilidad o fomentar el pecado y el «sexo libre»; cada vez que dicen placer, dicen luego: ojo...; cada vez que dicen amor, luego dicen: sin pecar; hablan del disfrute, pero... cuidado con lo que hacen.

3. El origen de los mitos

Básicamente el origen de los mitos son:

a. *Falta de información en nuestras iglesias*

Durante muchos años la vasta ignorancia en el campo sexual en nuestras iglesias, dieron origen a innumerables mitos sexuales que hoy consideramos como absurdos. Gran cantidad de creyentes poseen un desconocimiento de los hechos sexuales básicos. Esto lleva a «inventar» innumerables explicaciones a hechos sexuales.

El conocimiento verdadero libera y ayuda a vivir una sexualidad libre de culpas y miedo y pueden lograr una relación de pareja más armoniosa y placentera.

Al desconocer la verdad científica se pueden inventar «explicaciones» altamente enfermantes. Viene a nuestra mente el caso del joven que nos consultó por tener eyaculación cada tanto durante algunas noches (lo que se conoce como polución nocturna). Lleno de temor y culpa por lo sucedido había consultado con un consejero de su iglesia el cual le instó a que este grave pecado se iría si «ungía su cama con aceite y oraba antes de acostarse».

b. *La propia represión sexual*

¡Cuántas malas pasadas nos ha jugado nuestra propia represión! Años atrás ir al cine, al teatro o el que una mujer cristiana se pintara los labios era considerado como falta de espiritualidad, carnalidad y aun una conducta clara de la apostasía.

Los propios mandatos familiares de lo bueno y lo malo sobre temas sexuales, los propios temores, etc. han jugado un papel preponderante en la formación de nuestros mitos personales. Esto ha llevado a que la vida sexual de muchos creyentes esté invadida de mitos que han destruido o empobrecido la vida sexual. La cantidad de parejas insatisfechas en su vida sexual dan cuenta de lo que afirmamos.

En una encuesta hecha en EE.UU. por la Psychology Today sobre 52.000 personas, los resultados arrojaron que más del 55% de los hombres estaban insatisfechos de su vida sexual, el 39% afirmó tener desinterés y eyaculación precoz.

Hoy más que nunca el tema de la sexualidad está en boca de todos, pero parece ser que estamos muy distantes de ser felices sexualmente.

Los sexólogos sabemos que detrás de muchas parejas insatisfechas sexualmente y aun detrás (o al lado) de muchas disfunciones sexuales, se encuentran innumerables mitos que ejercen su poder destructivo.

La finalidad como consejeros es poder brindar a todos aquellos que nos consultan una perspectiva teórica y vivencial de una sexualidad libre de falsas culpas, temores irracionales, vergüenza y angustia antes, durante y al finalizar la relación sexual, al mostrar que Dios está presente bendiciendo la intimidad para la cual nos ha creado.

Los elementos principales para la pastoral de la sexualidad son: la honradez al hablar, el sentido común y la libertad de expresión. El aconsejado entonces se abrirá para contarnos problemas que tal vez no ha contado a nadie, sufriendo durante años en soledad.

¡Qué gratificante es ver a parejas y a los aconsejados recibir la información correcta o ver que sus problemas sexuales se van resolviendo!

Esto permite, a mi entender, tener una visión mucho más amorosa de lo que Dios es al crear algo tan maravilloso. Así levantamos y destruimos toda represión.

4. Algunos mitos sexuales

Dada la gran cantidad de mitos que podríamos describir, nombraremos los que más hemos visto repetirse en las consultas en nuestras iglesias y por nuestro propio país.

a. *Sexo igual coito*

Muchos creen que toda relación sexual que no termine con penetración, llámese coito, es un acto de perversión o una relación sexual incompleta.

Los creyentes hemos defendido y distinguido entre «acto sexual» y «relación sexual». El primero es puramente coito, mientras que el segundo es algo más que eso. Nuestra sexualidad puede expresarse con caricias, abrazos, mimos y no necesariamente debe terminar en el coito.

b. *El sexo maduro es el que culmina con eyaculación y orgasmo*

Para algunas personas no «acabar», es «acabar» con sus vidas. Sienten que si su pareja no ha llegado al orgasmo o ellos no han acabado, la relación se ha frustrado y es «incompleta» e «insatisfecha». Este mito sostiene que toda relación sexual debe finalizar en el coito con eyaculación y orgasmo, si no, es «anormal». Creen que sí o sí, los juegos «preliminares» deben llevar al coito. Hemos visto muchas parejas que cuando son tocadas inmediatamente sienten que deben finalizar con eyaculación, penetración y coito. Parecería, según este mito, que el juego, las caricias y la ternura no pueden estar separadas del coito y ser un fin en sí mismas.

c. *Todo contacto debe culminar en sexo*

Es sorprendente la cantidad de parejas que han perdido el amor, el romanticismo, el contacto, la caricia, el beso, tomarse de la mano, los mimos... Se da el caso de muchos que cuando su pareja le acaricia una pierna o le da un beso es inmediatamente interpretado como relación sexual. El marido llega y acaricia a la esposa y ésta le dice: «hoy no mi amor que me duele la cabeza».

A los varones nos enseñaron que existen dos tipos de contactos: el agresivo, es decir, el del golpe, la pelea, y el sexual: si la tomo de la mano, si doy un beso intenso, si la abrazo, entonces eso es sexo. Así se ha genitalizado todo contacto. ¡Cuántos han dicho: «no quiero comenzar algo que no puedo terminar»! No nos han enseñado que existen otros tipos de contactos.

d. *Los impulsos sexuales son poderosos y requieren satisfacción inmediata*

Se trata de un mito que circula especialmente entre los jóvenes. Hemos escuchado describir el deseo sexual como «un gran río tormentoso, incontrolable que busca salir de los pequeños diques que apenas lo sostienen, hasta que sale y ... sálvese quien pueda».

O hemos escuchado que el deseo sexual es «un impulso volcánico, que cuando sale destruye a quienes rodea».

Esto es falso. El DESEO sexual es perfectamente controlable y está a nuestro servicio. Dios lo ha puesto en nosotros y podemos manejarlo a nuestro deseo. No somos víctimas de un deseo irrefrenable y todopoderoso. ¿Cuántas veces hemos escuchado: «Querida joven di no a la prueba de amor»? Pero no hemos escuchado decir: «Joven no pidas la prueba de amor.»

A la mujer se le pide que sea ella quien controle su deseo, pero parece que al varón no tanto. Es como si implícitamente sostuviésemos que el varón posee un impulso sexual irrefrenable. Totalmente falso.

No nos confundamos, una cosa es reprimir, inhibir, tragar, aguantar, y otra es controlar, sujetar, frenar, nuestro deseo sexual. No mezclemos deseo con impulsividad sexual (lo último es patológico y se observa en casi todas las perversiones).

e. *El sexo normal es entre hombre y mujer adultos, es decir que los juegos infantiles son perversos y anormales*

Nada más falso. La sexualidad no comienza en la juventud, comienza con el nacimiento y se expresa desde allí hasta la muerte. Los juegos, la curiosidad y la exploración sexual infantil es parte del desarrollo humano y no debe ser considerada anormal. Cuando Freud dijo que los niños tenían sexualidad, eso que hoy nos es tan obvio, en su época le costó unos diez años de cautiverio intelectual frente a los reproches y alejamiento científico que se le hizo por decir esas cosas de «los santos angelitos infantiles».

Algunos padres reaccionan frente al juego y la curiosidad de sus hijos como si fuesen anormales o perversos cuando esto es parte del desarrollo psicosexual de todo ser humano.

MITOS EN CUANTO AL HOMBRE

a. *El hombre debe estar «siempre listo»*

Que un hombre diga que no tiene deseo o ganas de tener relaciones es visto casi como un síntoma de homosexualidad en nuestra cultura. El hombre debe tener mucho, mucho sexo donde sea, con quien sea y cuando sea. No puede decir que no. Esto es otro de los mitos culturales que ha destruido la vida de decenas de hombres que creen que deben funcionar a lo «macho».

b. *Al provocarse la erección ya es el momento para penetrar*

Muchas personas creen que al tener erección deben penetrar, cosa totalmente errónea. De esta forma existen tantas mujeres que se creen «anorgásmicas» o «frígidas» porque no sienten nada. La sexualidad para los creyentes no es una descarga biológica, es muchísimo más que eso; el encuentro, las caricias, el toque, el beso son aspectos de la sexualidad muy importantes.

Para muchos en las relaciones sexuales cuenta también el hecho de no tener y no expresar sentimientos de ningun tipo. Cuanto más agresivo, más atípico, más frialdad, más «macho». Según esta forma de pensar y estos patrones, los sentimientos de ternura, dulzura, amor no deben ser característicos de la pareja cristiana.

c. *El hombre debe iniciar y dirigir la relación sexual*

Es el hombre la «cabeza» del hogar o sea que para muchos el hombre es quien debe comenzar la relación sexual. Que su mujer la comience es vivido en nuestra cultura machista como un signo de prostitución y de poca hombría para el varón.

También este mito está en la mente de muchas mujeres. Es sorprendente que muchas de ellas no deseen tomar la iniciativa sexual por culpas e inhibiciones.

d. *La exigencia de tener una erección más firme, más dura y con más orgasmo*

Este mito es uno de los más poderosos. Hemos visto decenas de personas en el hospital, en el servicio de sexología, consultar la causa de por qué no tenían una erección rápida. Al preguntárseles en cuánto tiempo la tenían contestaban: «a los cinco minutos»... ¡querían tenerla a los dos minutos!

En una oportunidad nos visitó en el hospital un hombre muy preocupado porque no podía llegar a «terminar como antes». Después de varios minutos de interrogatorio nos manifestó que no lo estábamos entendiendo; él se refería a que «no podía terminar como antes, es decir llegar al cuarto orgasmo en la misma noche» ¡y estaba verdaderamente preocupado!

Muchos valoran su vida sexual no por su calidad, sino por su «cantidad». Entran en la relación sexual con la «ansiedad de rendimiento» según la excelente frase de W. Masters y V. Johnson, más orgasmos para su mujer, más eyaculaciones, más relaciones sexuales por semana, más, más, más. Estos son mitos que están presentes incluso en muchos creyentes.

MITOS EN CUANTO A LA MUJER

a. *No debe hablar de sexo porque si sabe por algo será*

Históricamente la mujer siempre «debía aprender en silencio». Aún existen iglesias en las que en las charlas o clases de educación sexual se separan a los varones por un lado y a las mujeres por el otro (¡luego decimos que la homosexualidad es pecado, que tengan cuidado!) Las inquietudes sexuales son naturales y normales en todos los seres humanos y el hecho que una mujer exprese sus interrogantes o sus dudas es una señal de salud emocional importante.

b. *La sexualidad de la mujer debe estar al servicio del hombre, debe dejar que éste la satisfaga*

Existen personas que creen que es el hombre quien «debe el orgasmo» a la mujer; que son los hombres los que deben enseñar a la compañera todo referente a la sexualidad. Años atrás se instaba a los varones a que se iniciaran sexualmente con prostitutas ya que no «podían ir al matrimonio sin experiencia». Hemos conocido jóvenes creyentes que con vergüenza han confesado que no tenían experiencia sexual al llegar al matrimonio y hasta llegaron a mentirle a su pareja sobre esto: «¿cómo le voy a decir que nunca tuve relaciones, si yo debo saber más que ella?». La sexualidad no es algo que uno enseña al otro, sino es el amor que ambos construyen mutuamente. El creer que el hombre es siempre activo y que la mujer se excita menos que el hombre es falso al igual que creer que es el hombre quien debe «darle clase sexual a su pareja».

Por otro lado, hemos visto en muchas mujeres (y éste es un motivo de consulta muy frecuente) que después de ser madres pierden el deseo sexual, pues consideran, consciente o inconscientemente, que «ser madre y ser sexual» es algo que no puede coincidir en una misma persona.

La mujer debe expresar sus gustos, deseos, fantasías y toques lo mismo que el varón. El diálogo sexual debe ser óptimo ya que el amor todo lo expresa.

c. *El sexo es siempre placer para el varón y dolor para la mujer*

Muchas mujeres tienen este mito incorporado. Creen que sexualidad es solamente disfrute del varón mientras ellas «aguantan» o «sufren». Las mujeres «están al sevicio» del hombre. No pueden pedir, decir, sentir placer ni nada por el estilo. Claro está que en ningún lugar se enseña esto así tan abiertamente, pero hay cosas que se dicen sin palabras.

Nuestra sociedad ha transmitido la imagen del «macho gozador» y de la «hembra sufriente». El hombre es presentado como un pene en constante erección que lo único que busca es «descargar», y la mujer es vista como la posible víctima de tales agresiones sádicas masculinas. Es verdad que muchos hombres y mujeres actúan así, pero también es verdad que este concepto carece de sentido y verdad. No es ésta la verdad de Dios. Muchos hombres creen que el sexo es como un partido de fútbol, que lo único que importa es ganar y «hacer muchos goles». La cantidad es lo importante, sin importar con quién, cómo y cuándo.

EN CUANTO AL MATRIMONIO

a. *La noche de bodas es (o debería ser) a nivel sexual la del «sumun»*

¡Cuántos dolores de cabeza ha traído este mito! Decenas de parejas se han visto frustradas porque llegaban a esta noche con expectativas casi celestiales e irreales.

La pareja llega a la noche de bodas con enorme cansancio, discusiones que surgieron durante o antes del casamiento, con tensiones, miedos, etc. Añádase a ello que han reservado un hotel que les ha costado una fortuna, y el mito popular de que esa noche «la rompen toda». Todo esto es falso.

Creen que para tener sexo todo debe «salir perfecto». La noche de bodas está muy idealizada en nuestra cultura evangélica. ¡Qué bueno es que aún existan consejeros que enseñen que el conocimiento sexual es progresivo y que una de las relaciones donde más deben reírse y esperar menos, es «en la noche de bodas»!

La sexualidad se aprende y la pareja elige si desea tener relación sexual. También debe saber que tener relaciones sexuales es algo que se «aprende juntos con el tiempo».

b. *La pareja cristiana normal nunca tiene ninguna dificultad sexual*

Es falso. Casi el 95% de las parejas tiene en algún momento de sus vidas algún conflicto de tipo sexual y esto es normal. Una dificultad erectiva o ausencia del deseo no indica necesariamente impotencia o anorgasmia. Como veremos más adelante son múltiples los factores que intervienen en nuestra sexualidad. Muchos viven ocultando sus conflictos sexuales como si ocultasen un crimen. La sexualidad humana es básicamente un aprendizaje entre dos; esto implica dificultades y problemas; lo importante es tener una actitud para tratar de solucionarlos y sino buscar consejo pastoral *sin temor ni culpa.*

EN NUESTRAS IGLESIAS

a. *Hablar de sexualidad no es espiritual*

Todavía muchos creen que no se debe hablar de sexo. Algunas personas nos han dicho: «si quieren hablar de esos temas está bien, pero vayan un poco lejos, o de campamento, allí en la montaña, que hablen todo lo que quieran, pero en la iglesia... NO».

Muchos creen que la plenitud del Espíritu Santo llega hasta la cintura porque de allí para abajo se encuentran partes sucias y pecaminosas.

Creo recordar que era Tertuliano quien decía: «No debemos avergonzarnos en hablar de lo que Dios no se ha avergonzado en crear.»

¡Qué bueno es que muchas parejas estén buscando ayuda para solucionar sus dificultades sexuales, que nos estemos humanizando más y podamos hablar con altura y de frente de los temas que hacen a la vida! Dios está muy interesado en nuestra vida sexual, que sea placentera, amorosa y llena de su Espíritu. Sí, la sexualidad se aprende; no nacemos sabiendo y tenemos que hablar de la misma mucho más allá que decir: «no a las relaciones prematrimoniales» y «que la masturbación es pecado»; debemos conocer con amplitud todo este mundo maravilloso que Dios ha creado para nuestro disfrute.

b. *En la relación sexual algo del pecado original existe*

Este mito es ultrainteresante ya que nadie lo sostiene así como lo hemos escrito. Todos los creyentes saben teológicamente que es falso; sin embargo, en la práctica no es así.

Hace un tiempo en un curso recomendamos enseñar a las parejas que se casaban, que antes de tener relaciones sexuales pudiesen orar juntos de rodillas en su cama dando gracias a Dios por lo que iban a hacer y compartir. Muchos, sorprendidos, reaccionaron como si fuese una blasfemia orar por tal acto. No cabe duda de que en el fondo la culpa nos juega una mala pasada, en el sótano de nuestro corazón sigue viviendo la idea que algo malo estamos haciendo...

Muchas parejas jamás se han permitido explorar nuevas alternativas sexuales, nuevas posturas, toques, ¡encender la luz!, etc. Se preguntan una y otra vez si realizar tal o cual cosa «será bíblica o no». Muchos tienen relaciones de forma rápida, ya que sienten que están haciendo algo malo, o que la mujer sufre, o ¿qué pensará Dios de esto? Me he sorprendido al conocer hermanos que no tenían relaciones lo domingos ya que «¡tales días predicaban la Palabra»!; o parejas que jamás han hablado con sinceridad sobre qué es lo que les gusta a cada uno, de experimentar, de sentir con libertad, jamás han expresado sus fantasías más íntimas, sus deseos, sus zonas erógenas, etc.

c. *Los creyentes no tenemos mitos sexuales*

Sin comentarios.

EN CUANTO AL ORGASMO

a. *El verdadero orgasmo es el vaginal*

Muchos creen que la estimulación clitorídea no es necesaria para alcanzar el orgasmo.

Hoy sabemos a ciencia cierta que tanto el orgasmo por penetración vaginal o el orgasmo por estimulación clitorídea es el mismo orgasmo.

Recientemente hemos asesorado a una pareja creyente que había dejado de tener relaciones porque ella, según sus palabras, «no podía llegar al orgasmo por penetración y esto la hacía sentir que "la masturbaban", y que le habían dicho que el orgasmo vaginal era el orgasmo femenino y maduro». Nada más lejos de la verdad.

Sabemos que el 70 % de las mujeres llegan al orgasmo por estimulación clitorídea, y sólo el 20% por penetración. Hay quienes ven como algo anormal que el varón toque el clítoris para alcanzar un orgasmo. No debe considerarse la estimulación manual como algo «pecaminoso» ni «de segunda», ya que en la sexualidad se busca dar placer y comunicarse con el otro.

b. *El verdadero orgasmo es el que se da simultáneamente en la pareja*

Totalmente falso. Este mito todavía hoy sigue trayendo personas a la consulta. Este mito es el producto de tantísimas eyaculaciones precoces y anorgasmias.

En sexualidad «el debe ser así» es un concepto muy peligroso, que solamente lo enseñan quienes ignoran los procesos psicológicos y fisiológicos de la sexualidad.

Este hecho no debe ser de preocupación para la pareja, lo importante es que ambos disfruten, no que tengan el orgasmo en el mismo momento. Este desear «llegar juntos» ha provocado más trastornos sexuales que placer. Compenetrados en tratar de llegar juntos, se entra en estado de tensión, perdiendo de vista el objetivo del amor.

Sería tan ridículo como sostener que la pareja que come, mastica y traga al mismo tiempo es «una pareja más feliz» porque terminan juntos o que es un índice de que se «aman muchísimo».

5. Otros mitos

A lo largo de muchas charlas hemos podido también recoger estos mitos:

1. Los que se abstienen de relaciones sexuales gozan de una mejor salud.
2. El tamaño del pene influye en el placer.
3. A mayor frecuencia sexual mayor desgaste.
4. La erección indica que inmediatamente debe producirse la penetración.
4. Pocas mujeres tienen orgasmo.
5. El deseo y la potencia sexual disminuyen después de los cuarenta.
6. El alcohol es un gran estimulante sexual.
7. El desequilibrio hormonal es causa de la homosexualidad.
8. El sexo oral es sucio, pecaminoso y trae enfermedades.
9. La masturbación provoca enfermedades o trae pelos en la mano, acné, ceguera, o....
10. Los juegos sexuales infantiles son índice de problemas sexuales en la madurez.
11. La esterilización termina con el deseo sexual.
12. El hombre que goza cuando se le estimulan los pezones es porque tiene tendencias homosexuales reprimidas.
13. La sexualidad es natural e instintiva y no requiere aprendizaje.
14. Las poluciones nocturnas son clara señal de una alteración sexual.

MÁS MITOS

Los que nombramos a continuación son los que muchos creyentes nos han dicho que reinaban en ellos cuando eran chicos. Las edades son principalmente entre los 20 a los 40 años y ellos mismos escribieron cuáles eran sus mitos en la infancia o adolescencia. Es interesante que «hace muy poco tiempo» descubrieron que muchos de estos mitos eran falsos. Algunos son sorprendentes, pero como dijimos los mitos son así...

El número en paréntesis indica cuántas veces lo hemos encontrado en otra persona.

En el hombre:

- La masturbación trae pelos, granitos o alguna enfermedad (20)
- Los adolescentes de 14 años ya tienen relaciones sexuales.
- Juegos de adolescentes: quien orina más lejos y a quién se le para más rápido.
- La masculinidad se ve en el tamaño del pene é(2).
- Cuanto más velludo más viril.
- El tamaño del pene es fundamental para una buena relación sexual (2).
- El tamaño de la nariz está relacionado con el tamaño del pene.
- Los hombres no usan preservativos.
- Todos los padres acosan a sus hijos para definirse sexualmente.
- Los petizos (raza de baja estatura) tienen el pene más largo.
- Los fisicoculturistas tienen el pene más corto.
- Los hombres no aguantan sin tener relaciones sexuales.
- El hombre debe iniciar la relación sexual (4).
- Siempre listo.
- Todos los hombres se inician sexualmente con las prostitutas.
- No deben demostrar sus sentimientos.
- No debe llegar virgen al matrimonio.
- Hay que ser violento para que la mujer goce más.
- Solamente goza el varón.
- Cuanto más mujeres, más hombre es (2).
- La ley del revólver.
- Mano grande, pene grande.
- La cantidad de bebés depende de la cantidad de semen que eyacule.
- La sexualidad del hombre es distinta a la de la mujer.
- Los hombres tienen relaciones sexuales todos los días.

En la mujer:

- Cuando la mujer toma la iniciativa es una degenerada (2).
- No tiene orgasmos (2).
- No realiza juegos sexuales como una prostituta.

- Al perder la virginidad el hombre es un piola y la mujer una mal educada.
- Si es virgen sangra en su primera relación.
- La mujer embarazada no puede tener relaciones sexuales después de cierto mes (4).
- La mujer en el noviazgo tiene la «llave para decir que no» (3).
- La mujer puede agrandar el pene.
- Tener relaciones sexuales produce mucho dolor (9).
- Las mujeres tiene que ser pasivas; los hombres activos (2).
- La mujer puede quedar embarazada sin la intervención del hombre.
- Los hombres sólo nos quieren para tener relaciones genitales (3).
- Hay que casarse con el primer novio.
- Las mujeres chinas tienen la vagina atravesada.
- Mirar y tocar mis intimidades es malo.
- La realidad de la menstruación hay que esconderla porque es desagradable (3).
- La menstruación es pecado.
- La menstruación es una desgracia mensual.
- Es malo bañarse durante la menstruación (5).

Sobre los niños:

- La cigüeña (12).
- Nacen de un repollo (2)
- Nacen por la cola.
- Nacen de la semillita de papá y mamá.
- Los juegos del varón (la pelota) y de las mujeres (las muñecas).
- Diferenciar colores masculinos y colores femeninos.
- Trabajos en el hogar para el varón y para la mujer claramente separados.
- Los niños no se interesan por el sexo (3).
- Los padres tiene tantos hijos como relaciones sexuales tuvieron.

Sobre la iglesia:
- Un pastor casado tiene todos sus problemas resueltos.
- El sexo no es importante (4).
- El sexo es un tema prohibido (3).
- Deseo sexual es lo mismo que deseo carnal.
- No se debe hablar de sexo en la iglesia.
- El sexo es pecado (5).
- El sexo oral es pecado.
- El sexo anal es pecado.
- En nuestras iglesias no hay mitos sexuales.
- Hay juegos sexuales que una pareja cristiana no debe realizar.
- La educación sexual es problema de los padres, no de la iglesia.
- Hablar de sexo no es de espirituales (3).
- Hay que hacer el amor sin sacarse la ropa.
- En el coito el hombre siempre debe estar arriba y la mujer abajo.
- Si se comienza una relación no se puede parar.
- Los hijos siempre son fruto del amor.
- Para determinar el sexo del bebé hay que tomar una postura especial en ciertas fechas.
- Mis padres no tenían relaciones sexuales (3).
- No existe el sexo sin amor.
- Tener relaciones es una obligación marital.
- El orgasmo y el coito es lo más importante de una relación sexual cristiana.

Sobre la vejez
- No les interesa el tema (3).
- Se escandalizan si se toca el tema (3).
- No tienen relaciones sexuales.
- No les interesa el casamiento.

Ejercicios

21 – Nombren uno por vez, cuáles fueron los mitos que durante más tiempo creyeron como verdaderos; cómo y qué significó descubrir su falsedad.

22 – Nombre los mitos sexuales más frecuentes en su familia de origen: de su madre, su padre y luego sus hermanos.

–Terminen con una oración.

Capítulo 10

LA INTIMIDAD

«La verdadera unión sexual»

1. Qué es la intimidad

Si pudiésemos resumir un aspecto casi constitutivo de una pareja sana, feliz y plena diríamos que es aquella que ha logrado intimar. Si pudiésemos resumir «la sexualidad y el erotismo en la pareja» sería con una palabra: INTIMIDAD.

Encontramos cinco niveles donde la pareja debe intimar: espiritual, sexual, intelectual, corporal y afectivamente.

Muchas parejas, después de años de estar casados, ¡no lo están!

Sorprende ver el desconocimiento en muchos de los planos anteriormente mencionados. Un ejercicio pastoral que se usa frecuentemente al estar frente a la pareja es decirle al hombre que comience a hablar como si fuese su mujer. Por ejemplo: yo soy Estela y me gusta... a los cinco minutos de hablar llega el silencio, el desconocimiento hace su aparición. Luego le toca a la mujer, se coloca como si fuese su marido, comienza a hablar y a los 5 minutos... el silencio aparece nuevamente. No cabe duda, falta de INTIMIDAD.

Sabemos que la intimidad se expresa de múltiples formas, sean palabras, silencios, miradas, símbolos, etc. Esta variedad ataca al enemigo mayor de la pareja: el aburrimiento y la monotonía.

Intimar no es que la pareja vaya junta a todos lados, coman lo mismo y sientan lo mismo. Muchos creen que ser distintos hará que la pareja se pierda. Intimidad no es fusión, simbiosis.

Grafiquémoslo:

En el otro extremo están los que viven como perfectos «hermanos», cada uno en la suya; nadie se mete en el campo del otro ya que cada uno tiene su lugar en la pareja. Creen que «compartir» es fusionarse, perder la individualidad y la libertad. Veámoslo también gráficamente:

«No te cases ni te embarques», «lástima, era tan joven...», «ya vas a ver lo que te espera», «las que te pierdes», «caíste», «te dejaste agarrar», «parecías más vivo», «aprovecha que ésta es tu última noche libre», «yo también las pasé, ya vas a ver lo que te espera en un par de años», etc. Justamente se confunde la intimidad del casamiento con «vivir para el otro», o sacrificar la individualidad en función del otro.

Vivir «para el otro» no es lo mismo que vivir «con el otro».

Muchos creen en el mito de «la mujer araña», es decir, la mujer que lentamente tejerá sus redes alrededor del hombre al cual atrapará y terminará sus últimos días en agonía. Esta sensación de fobia al casamiento (¡o claustrofobia!, miedo a los espacios cerrados) indican que el matrimonio es vivido como una telaraña.

Intimar es meterse en el pellejo del otro, sin perder el propio. Es aceptar la individualidad de cada uno y a la vez poseer un «nosotros» en común.

Grafiquémoslo:

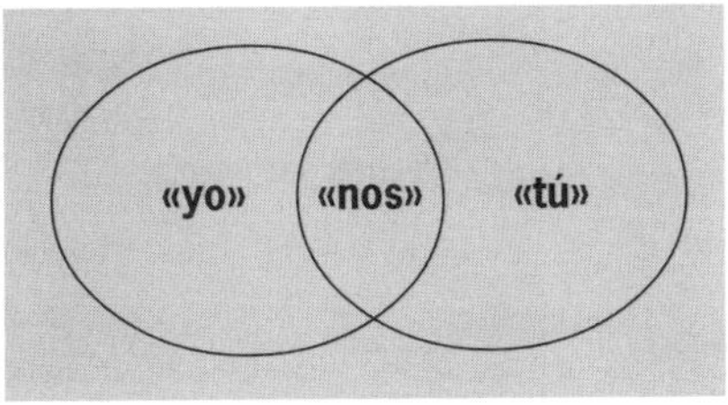

2. La intimidad afectiva

Este aspecto de la sexualidad es importante y crucial. El amor posee un componente afectivo de por sí. No puede haber amor si no hay intercambio de afectos profundos.

Desgraciadamente para el varón de nuestra cultura latina, intimar es algo así como «superficialidad», «trivialidad» o «algo de maricas».

Una buena pastoral de la pareja debe «sí» o «sí» revisar lo que es ser «hombre» según la Biblia.

Todos los varones estamos traumatizados –algunos más y otros menos–; hemos sido víctimas de mandatos y creencias de nuestros antepasados y de nuestra cultura actual.

Sí, no nos enseñaron lo que es ser varón, lo que es la masculinidad; o mejor dicho hemos sido golpeados con estereotipos que consciente o inconscientemente nos vendieron. Nos vendieron un catálogo sobre lo que es ser varón y mujer, y algunos creyentes, confundidos, hasta lo defendieron como «inspirado por el Espíritu Santo» siguiéndolo fielmente.

HOMBRE	MUJER
–Activo, fuerte	–Pasiva, débil
–Independiente	–Dependiente
–Poco emotivo, duro, recio	–Emotiva, blanda, fácil de convencer
–Brusco, grosero	–Cortés, educada
–Intelectual, frío	–Afectiva, sentimental
–Para el trabajo	–Para el hogar
–Trae el dinero y lo maneja	–Cuida de los hijos y lo gasta
–Toma la última decisión	–Obedece a su esposo
–Seguro, confiado	–Insegura, desconfiada
–Dominante, «cabeza»	–Sumisa, «pies»
–Etcétera	–Etcétera

Nos dijeron que somos «machos» y nos salimos de las situaciones difíciles; nos dijeron que llorar es de maricones, que a golpes se hacen los hombres, que no jugar al fútbol o no saber de coches es ser medio afeminado. Así como lo escribo me lo han enseñado.

No sorprende entonces entender por qué en nuestro mundo existen tantos hombre golpeadores, mujeres abusadas sexualmente, hijos sin padre, violencia familiar, etc.

Qué decir de muchas enfermedades psicosomáticas que esconden una incapacidad y a la vez una intensa búsqueda de intimar con alguien. Esto explica por qué es más frecuente que el hombre tenga una aventura extramatrimonial que enamorarse y mantener una relación estable. Justamente enamorarse es entregarse al otro, es estar pensando en el otro, es intimar.

El libro maravilloso del *Cantar de los Cantares* acaba con el mito del «cowboy evangélico» que sigue vivo en muchos creyentes. Creen que ser hombre es algo así como el hombre solitario y silencioso, de pocas palabras, en busca de aventuras que enfrentará con valentía. No hay lugar para los sentimientos y debilidades, no hay lugar para el llanto, para conmoverse; ser un «cowboy evangélico» es sencillamente no expresar NUNCA ningún sentimiento. El enamorado le expresa una y otra vez a su amada palabras de amor y de ternura (1:8-11, 15, 1:16, 2:14, 4:1-15, etc.). Y esas palabras ella se las devolverá también en afecto (2:3-7, 16, 17, etc.). Ambos intiman afectivamente a través de las palabras y las miradas.

Como aquella esposa, que en el silencio de la noche le dice a su esposo:

–Querido, ¿me amas?

Él, mirándola fijamente a los ojos y con voz seria, le responde:

–Querida, hace 40 años te dije que te quería, y no he cambiado de opinión, no sé por qué tengo que volvértelo a repetir.

El amor se expresa en hechos pero también en palabras. AMBAS son parte de la intimidad afectiva.

3. Intimidad intelectual

La pareja intima intelectualmente no cuando piensa de la misma manera, sino cuando siendo diferentes pueden abrirse el uno al otro, en sus diferencias y coincidencias.

Intimar es identificarse con el otro, meterse «en el pellejo del otro» sin perder el propio, es estar con el otro siendo uno mismo. Es darle la «bienvenida» al otro en nuestro territorio sin sentirnos invadidos.

Como dice la pareja de Cantares: «yo soy de él y él es mío», ¡y no nos invadimos!

La intimidad intelectual puede estar dada por una profesión en común, o puede estar dada por un libro, una conferencia, una música, un cuadro, etcétera.

Dice correctamente Willi Pasini, presidente de la sexología europea, que para que la identificación sea posible son necesarios dos procesos psicológicos: la identificación proyectiva y la introyección. En el primer caso hay que ser capaz de ponerse en lugar del otro sin confundirse, sin transformarse en el otro. En el segundo hay que ser receptivo a los mensajes del otro, estar dispuesto a dejarlo entrar en la intimidad sin miedo a ser «invadido».

Para que exista intimidad intelectual es importante saber respetar las diferencias en la pareja y saber que ninguno posee «los mejores gustos» sobre determinados temas, sino simplemente «gustos personales».

4. Intimidad sexual

Vemos en sexología, con bastante frecuencia, parejas que no se conocen. No saben los gustos, preferencias, zonas y toques placenteros. Han hecho el amor infinidad de veces en sus vidas, pero jamás se han detenido a conversar qué sienten antes, durante o después de cada relación. Existen unos principios que toda pareja debe respetar para que pueda haber un mínimo de intimidad sexual. Seguidamente pasamos a nombrar algunos elementos útiles para el enriquecimiento de la vida sexual.

a. *Tiene su lugar físico*

Sabemos que la crisis de vivienda en nuestro continente da lugar muchas veces al incesto, homosexualidad, perversiones, etc. Una de las causas de problemas sexuales como pueden ser la eyaculación precoz, anorgasmia, por ejemplo, tienen muchas veces que ver con la necesidad de no tener un *lugar* donde intimar sexualmente.

Muchas parejas tienen relaciones sexuales cuando sus hijos duermen con ellos y creen que porque ellos están dormidos... ¡no se dan cuenta! Otros manifiestan que tienen relaciones con la puerta abierta para poder «escuchar si le pasa algo al nene», otros...

b. *Es de mutua entrega*

Los animales depredadores como por ejemplo el león, cuando van a tener relaciones se esconden para no ser vistos; saben por su instinto que si son capturados en ese momento por otros animales serán presa fácil. Justamente sexualidad es *abandonarse*, entregarse al *placer* y al *amor*.

Lo importante no es el orgasmo (¡que apenas dura de 2 a 4 segundos!), sino toda la relación. Muchas personas no pueden disfrutar de la vida sexual, no pueden abandonarse porque padecen lo que en sexología se conoce como «ansiedad del desempeño»; lo que les interesa es tener orgasmo o «desempeñarse magistralmente», es entonces cuando se produce un «estrabismo», un ojo de ellos tiene relaciones y el otro desde arriba mira lo que sucede en la relación. Ya Kinsey decía en su famoso informe de 1948 que el 75% de los hombres eyaculaban a los dos minutos de la penetración, y concretamente en Argentina aproximadamente una de cada cinco parejas padece algún problema sexual.

c. *Se toma su tiempo*

Si hay algo llamativo en la pareja del libro de los *Cantares* es que ¡ambos se toman su tiempo para hacer el amor! ¡Vaya si se describen, vaya si tienen todo el tiempo del mundo para ellos!

Como veíamos anteriormente la ansiedad de muchos y la exaltación del orgasmo como lo más importante en el sexo hace que tengan relación sexual «rapidísimo» (cumpliendo la regla de los 3 minutos: en el primero se les para, en el segundo eyaculan y en el tercero se duermen).

d. *Está fundamentada en el amor*

Con esto queremos decir que no es lo mismo una «experiencia íntima» que una «relación íntima». La primera tiene que ver con un momento y con un tiempo especial, la otra tiene que ver con un estado, con un estilo de vida de la pareja. Justamente quienes no pueden intimar buscan una y otra vez «experiencias íntimas», sin ningún compromiso.

Si la intimidad no tiene su base en el amor, con el tiempo el sentimiento de intimidad se irá perdiendo. Se puede tener sexo (pura genitalidad) pero no sexualidad (que tiene que ver con el contacto, las palabras, el afecto, nuestra forma de conocernos, etc.).

Podemos estar unidos de la cintura para abajo y lejos, a miles de kilómetros de la cintura para arriba. La intimidad sexual involucra tanto los genitales como el corazón. De ahí que el adulterio puede ser del cuerpo o de la mente. La verdadera fidelidad y amor involucra a ambos, por eso Cantares 8:6, 7.

Ejercicios

23 – Ambos en la pareja necesitarán disponer de varias hojas, lápices y tiempo, aproximadamente una hora. Cada uno en distinto lugar y en el mismo momento escribirán una carta de la siguiente forma:

La primera cara tendrá por título «Aspectos íntimos de mí que creo que tú sabes». La otra cara tendrá por título «Aspectos íntimos de mí que creo que tú no sabes». Se puede escribir todo lo que uno quiera y crea que está acorde con el título. Aunque parezca que resulta difícil escribir deben tomarse el tiempo para que surjan esas pequeñas cosas que seguramente llenarán la carta.

Al terminar las cambiarán y las leerán por separado pasando luego a compartirlas señalando qué han descubierto el uno del otro.

24 – Para realizar el siguiente ejercicio es importante disponer de por lo menos una hora, un lugar tranquilo y muchas ganas.

Cada uno de la pareja escribirá en un papel las siguientes áreas:

–Música:
–Lectura:
–Política:
–Salidas:
–3 áreas más:

Anotará en bosquejo, de forma detallada, qué piensa uno del tema, qué le gusta y qué no.

Luego se encontrarán los dos para compartir lo escrito. Es importante compartir sólo lo escrito, sin «querer cambiar la opinión del otro», y menos todavía discutir.

Terminarán con una oración de gratitud al Señor por las coincidencias y por las diferencias.

25 – Para este ejercicio hace falta un lugar cómodo, tiempo y tranquilidad. No es conveniente tener relación sexual antes o después de esta práctica.

Siéntense ambos a completar estas preguntas que pueden hacerse por escrito o leyéndolas en voz alta y contestándolas de una a una por vez (si se escriben, luego deben intercambiarlas y compartirlas).

–Siento que el sexo en nuestra pareja es ____________________

____

–La frecuencia con que llevamos nuestras relaciones me parece que

____

–Me gusta cuando tú me ______________________________

–Lo que no me gusta es ______________________________

–Describa sus sensaciones antes, durante y después del acto sexual.

____

____

____

____

–Nuestra vida sexual se enriquecería si ______________________

____

____

–Algo que me gustaría decirte en cuanto a nuestra sexualidad es

____

____

Terminen ambos orando
por lo que han descubierto y experimentado.

A recordar:
Los 3 enemigos de la vida sexual son:
LA CULPA, EL MIEDO Y LA IGNORANCIA

«No debemos avergonzarnos en hablar de lo que Dios no se ha avergonzado en crear.»

Capítulo 11

EL PSEUDOAMOR

«La otra cara del odio»

1. Introducción

Si hay algo que el ser humano ha buscado y anhelado es ser amado y poder amar a alguien.

Por desgracia, si hay una palabra trillada y cantada, nombrada y buscada es la palabra amor. Para algunos es una emoción, para otros una fuerza, para otros un misterio...

Detrás de muchos actos sexuales de muchas personas lo que en realidad se busca es un poco de amor. Separar la sexualidad del amor es separar elementos esenciales del mismo. La pareja debe estar enriquecida tanto en la sexualidad como en el amor; cada una de ellas nutre y fundamenta a la siguiente. Recientemente nos visitó el Dr. W. Masters, y pudimos hacerle la siguiente pregunta:

–¿Qué lugar tiene el amor en la sexualidad?

La respuesta que él contestó fue: tener sexo sin amor es como hacer gimnasia...

Los creyentes hemos defendido ambas como si fuesen las dos caras de una misma moneda.

Lo primero que se le pide al hombre en el A.T. es amar a Dios (Dt. 6:4-7). La primera alianza del hombre debe ser con Dios. Es muy difícil aprender a amar si no se ama a Dios, ya que cuando miramos a Él aprendemos a amar. Dios es la fuente del amor (1 Jn. 4:16). El creyente está unido inseparablemente al Señor por amor y nada nos podrá separar de ese vínculo que se constituye el más fuerte que la Biblia cita (Ro. 8:31-39).

Los mandamientos más grandes dados al ser humano son: «amar a Dios, amar al prójimo y amarse a sí mismo».

¡Cómo cambiaría la vida de los creyentes si en lugar de enfatizar tanto la fe enfatizáramos más el amor! Lo más grande, sublime, poderoso y trascendente que el hombre puede experimentar hacia sí y hacia otros es el amor. El apóstol Pablo al escribir el sublime capítulo 13 de 1 Corintios lo contrasta con la elocuencia, la profecía, los misterios y el sacrificio. Nada iguala al amor.

2. Te amo porque me amas: la tiranía del narcisista

Todos los seres humanos necesitamos ser amados, aceptados y valorados, pero cuando esto se distorsiona da lugar a lo que conocemos en psicología como personalidad narcisista. Esta palabra tiene su origen en la mitología griega. Narciso era un joven de gran belleza, que al contemplar su imagen en un estanque de agua, se enamoró de sí mismo; cayó al estanque y se ahogó.

Esta persona es aquella que está enamorada de sí misma por lo grande que es, buscando constantemente que le admiren y recononozcan su grandeza. Necesita ser el protagonista, ya que él es merecedor de tales reconocimientos.

Es la típica persona que mira «desde arriba» a los otros, los cuales han sido bendecidos por Dios al poder contar y admirar a un creyente tan valioso.

a. *El origen de la ambición de admiración*

Es difícil expresar en pocas líneas el origen psicológico de tal personalidad. Cuando el niño nace, tiene múltiples necesidades (calor, alimento), las cuales son provistas por el otro; el bebé capta el placer que siente el otro en su contacto con él, viéndose como alguien deseado y deseante. Al pasar el tiempo, el otro lo desea en la medida que cumpla determinadas condiciones, pautas, pudiendo los padres tomar varios caminos como *el rechazo.* Aquí es objeto de la mirada crítica y displacer, pudiendo este rechazo tomar caminos directos de exclusión o expresiones de rechazo mucho más sutiles, como descalificación, insultos, humillación en público, etc.

El rechazo generará una herida emocional, que el sujeto en el futuro vigilará para no ser repetida por otro y para evitar el dolor ya sufrido.

Otro de los caminos posibles frente al niño es el de la *aceptación.* Aquí los padres valoran al hijo brindándole todo el amor y respeto que le permitirá aceptarse y valorarse en el futuro.

El tercer camino posible que nos interesa, es el que conocemos como narcisización excesiva, y se refiere a la *admiración excesiva.* Aquí los padres, desde un comienzo, empiezan a marcar en el hijo la perfección y «grandeza» del mismo, colocándolo como un modelo ideal y de perfección (algo así como sucede en el enamoramiento). El hijo crece creyendo que todo él es gracioso y hermoso. Esto se puede comprobar en muchos hijos únicos, en los que se ha puesto toda la atención, deseos cumplidos y admiración, y que han crecido sintiéndose merecedores del amor y reconocimiento de los otros y con profundas dificultades en compartir.

Sabemos que el autoconcepto se va formando a lo largo del tiempo especialmente en base a la articulación de conceptos, juicios y mensajes que los padres emiten hacia su hijo.

El niño, pues, comienza a verse de la misma forma que sus padres le vieron. Veámoslo un poco más detenidamente.

b. *Características del narcisista*

El objetivo principal que desea alcanzar es ser «el único», ser admirado, y para lograr esto amará todas aquellas cosas que le hagan sentirse valorado por el otro. El amor por «el púlpito» que algunas personas manifiestan da cuenta de lo que venimos diciendo. Así el narcisista en su afán de ser reconocido y admirado busca satisfacer ese deseo a través de medios que provoquen admiración en el otro.

Cuando otro es admirado y reconocido se activa inmediatamente la envidia interna, manifestándose a través de la descalificación y crítica, ya que sólo él es «el número uno».

Le encanta relacionarse con personas desvalorizadas porque el déficit de ellos, permite a su yo representarse como superior.

Así busca ser el creyente y el ser humano ideal.

La manifestación del narcisismo puede ser de tres formas diferentes:

1) La megalomanía autista: El sujeto no expresa la búsqueda de ser admirado, ya que él no la necesita; sabe, en su interior, de su hermosura y grandeza. Lo vemos en su detallada vestimenta y su soberbia, expresada en su caminar. Él sabe que no hace falta confirmación de nadie: «él sabe lo que es y lo que vale».

2) El exhibicionismo: El sujeto toma el polo opuesto al anterior; constantemente estará esperando que el otro le exprese su admiración y respeto. Cuando habla lo hace en forma firme y autoritaria, medio que aprovecha para mostrar sus conocimientos y sabiduría. Algo parecido al rico exhibicionista que trata de tapar su inseguridad con su dinero. Su capacidad espiritual y humana es tan grande que él mismo cree hacer un favor al mostrarla, es como si dijese: «hermanos, les envidio, me gustaría estar en su lugar para poder ver a alguien de tanta bendición como yo».

3) La falsa humildad: Aquí ya la manifestación toma ropajes «espirituales». La persona entra en caminos de duras y severas autocríticas, acompañadas de grandes sacrificios, las cuales aparecen como una humillación, pero que al hacerlo es como si dijese: «¡qué grande debo ser para poder hacerme críticas tan duras y sacrificios tan profundos... qué grande soy!»

La falsa humildad esconde el sentimiento de grandeza y le permite al sujeto ser admirado por su gran vida espiritual. Generalmente son personas que no han podido realizar sus ideales vocacionales y afectivos, y buscan otro medio, tipo premio consuelo por carencia de lo frustrado, tratando así de recapturar esa necesidad de admiración a través del «llamado al ministerio».

Quedaría mucho por analizar, baste lo expuesto para sumergirnos en la reflexión bíblica:

«Cuando viene la soberbia, viene la deshonra, mas con los humildes está la sabiduría.»

3. Cuando amar es poseer: la tiranía de los celos

> «Si lo sabes todo, le dijo el escéptico al sabio, dime:
> ¿Qué hacía Eva cuando Adán regresaba a casa?
> Naturalmente que lo sé –respondió el sabio– le contaba las costillas.»
>
> –Sabiduría popular

A. *HACIA UNA DEFINICIÓN*

La palabra «celos» viene del latín *zelus* que significa «posesión valiosa que se encuentra en peligro». Es decir, que es la amenaza de perder algo que se tiene como posesión.

Sería importante distinguir entre los celos y la envidia, los cuales no se deben confundir. En la envidia intervienen dos personajes mientras que en los celos tres: el objeto poseído, el que posee y el que «amenaza» con robar. Este último puede ser una persona, un coche, un animal, un trabajo, el jefe, un hermano de la iglesia, etc. Puede ser motivo de celos todo aquello que el celoso cree que es una posesión suya y que está en peligro de ser robada.

En la envidia se desea tener lo que el otro posee, en los celos se teme perder lo que se posee. En la envidia uno desea robar aquello que envidia de otro, en los celos se teme que otro «nos robe» lo que poseemos.

Se es celoso de lo que se tiene y envidioso de lo que tienen los demás.

La envidia es el sentimiento enojoso con la persona que posee algo deseable; el impulso es quitárselo, se fantasea con tenerlo y como no se puede conseguir, entonces se propone la destrucción de lo que se envidia. Si tampoco esto es posible se busca la destrucción de aquel que posee lo envidiado. «Sí, claro, canta muy bien, pero pagando en negro a sus empleados como lo hace, cualquiera tendría el dinero para pagarse una buena profesora de canto.»

El celoso teme que le sea quitado por su rival «lo que es todo para su vida»: su marido, novia, esposa, etc.

B. *CARACTERÍSTICAS DEL AMOR CELOSO*

Desgraciadamente muchas personas interpretan los celos en el noviazgo como una señal de «cuánto me quiere mi novio, desea saber dónde estoy, con quién voy, qué hago». «Mi novia está enamoradísima de mí, me vigila todo el tiempo y cuando subo al colectivo inmediatamente me dice: ¿a quién miras?, ¿por qué miras a esa chica?», etc.

Algunos mucho más «bíblicos» recurren a fundamentar sus celos controladores con pasajes bíblicos: «la mujer no puede andar por ahí hablando con quien sea o trabajando con hombres», «debe dar buen testimonio», «la mujer no puede hacer lo que quiere, debe sujetarse a la cabeza que es la pareja», etc.; frases como éstas esconden conflictos inmaduros e infantiles no resueltos, porque eso son los celos: conflictos infantiles NO RESUELTOS. ¡Sí!, tener celo no es amar al otro, todo lo contrario, es amarse a sí mismo.

El celoso confunde el amor egoísta y posesivo que tiene hacia su pareja, con el verdadero amor que liberta al otro. Cree que amar es poseer, que el otro le pertenece igual que como se compra un paquete de salchichas; que el otro debe obedecer y estar a su disposición siempre y para siempre.

C. *LA CONDUCTA DEL CELOSO*

Dijimos que en la pareja los celos aparecen ante el temor o pánico a que el otro pueda dejarnos por otro compañero.

Sus principales características son:

1) *Una autoestima pobre*

Es tan débil su autoestima y su seguridad interior que siempre duda, siempre teme perder a quien ama. Por ese motivo, todo se torna amenazante: la llegada tardía, una llamada por teléfono con el compañero de trabajo, las constantes conversaciones con ese hermano de la iglesia, etc.

Hay un sentimiento de herida eterna por su pobre valía.

Los celos –dice D. Liberman– son siempre la expresión del temor de ser abandonados.

Pensemos en una pareja en la que ella comienza estudiar en la facultad; inmediatamente comienza a hablarle a su pareja de su compañero hacia el cual siente una profunda estima. Entonces la autoestima del celoso tambalea y empieza a compararse con esa persona imaginaria. Para el celoso los fantasmas existen, y en ese momento aparecen en la figura de su «contrincante». Así comienza una lucha mental que perdió de entrada en su fantasía, esto lo angustia y lo carga de agresividad.

2) *Constantes proyecciones de agresión y desconfianza*

«Yo no soy reponsable de mis gritos y celos, sino que eres tú el culpable de generarlos con tu conducta; si actuaras como yo te digo no tendríamos problemas.» Y así lentamente se comienza a GOBERNAR la vida del compañero.

El celoso tiene violencia emocional hacia su pareja *y está a un paso de la violencia física.* Cargado de agresividad comienza a proyectar en su pareja su desconfianza y su sospecha.

3) *Temor a ser abandonado debido a su inseguridad*

Es el temor de un tercero que entra en escena para robar y para humillar, «no soy digno de tu amor», «tú ya no me quieres como antes», «¿me quieres? dímelo, demuéstramelo cada día, cada minuto a cada momento».

El celoso es drogodependiente del amor (por supuesto lo que él entiende por amor). Necesita que le hablen, que lo miren, que le hagan sentir que el otro está a su disposición permanente; todo, producto de sus inseguridades infantiles no resueltas.

4) *Egoísmo*

Amar para el celoso, dijimos, no es dar libertad, dejar que el otro sea como es y como quiere, respetar las diferencias, sus gustos, salidas, amigos, etc. Esto es muy peligroso para el celoso. Sus «versículos matrimoniales» preferidos son: «serás a mi imagen y semejanza», «vivirás sólo para mí», «yo sin ti me moriría», «tú eres todo para mí en este mundo», «quiero sentir que me perteneces», «quiero unirme a ti, ser uno como Dios manda», etc.

Para el celoso perder a su pareja es perder *todo*. Carente de afecto en su infancia y lleno de inseguridades se aferra a su pareja como el náufrago a su salvavidas, vive por y para eso.

Todo el sentido de su vida está puesto sobre la persona amada.

Para el celoso «amar» es todo, es saber todo, es sentir todo, es un amor ABSOLUTO; ¿cómo es tu amiga?, ¿es más guapa que yo?, ¿por qué con ella hablas tanto y conmigo no?, ¿qué hace, a qué se dedica, qué tiene ella que yo no tenga?

5) *El otro vivenciado como rival*

El celoso logra tener pocos amigos o amigas ya que el otro puede ser ese enemigo invencible que robe el premio que con esfuerzo ganó: «su pareja». Solamente confía en aquellos que le han merecido su confianza (si es que encuentra a alguien).

Los celos son el sentimiento que el otro tiene más para dar que nosotros; lo nuestro se transforma apenas en un pobre regalo en comparación. Por eso el celoso trata de aislar a su pareja del mundo externo, del «peligro»; «no me gusta que andes sola por la calle de noche», «no quiero que trabajes tanto en la iglesia», «no quiero que hables tanto con ese hermano», «no quiero que estudies de noche»...

Todas estas frases (y otras) sólo significan que «es posible que encuentres a alguien y te enamores y me abandones».

6) *Lo que te doy, dame*

El celoso trata de poseer y de ser amado por su pareja. Quiere que el otro haga exactamente como él, que lo ame, que lo posea, creyendo así que su riesgo de ser abandonado disminuye.

Pero esto no se logra, ya que toda conducta de su mujer es expresión de su traición, bien dijo Ronald Laing:

«El amor no siempre es ciego. Puede ver justo lo necesario como para preferir la oscuridad.»

D. *SUS MEDIOS PARA «CALMAR» LOS CELOS*

1) *El interrogatorio*

Al mejor estilo policial, el celoso emprende su búsqueda de pormenores que hagan calmar su angustia celotípica. Al mejor estilo médico arma su historia clínica para dar el diagnóstico que ya de antemano puso: me engaña. El pronóstico al mejor estilo psicológico se encuentra grabado como por el Espíritu Santo: «la estoy perdiendo, esto puede terminarse en cualquier momento».

Ésta es una necesidad de saber que no es calmada NUNCA. Por momentos parecería que todo quedó aclarado; aquella salida, aquella mirada hacia esa chica, aquella llegada tarde, pero NO. Al otro día, o a la otra semana o ¡a la otra hora! comienza nuevamente el interrogatorio, esta vez sobre los datos obtenidos en el interrogatorio anterior: «tú me dijiste que... cuéntamelo más detalladamente», y así comienza la tortura psicológica.

2) *Intimar-forzar*

Para el celoso todo debe ser puesto sobre la mesa, todos lo sentimientos, las actitudes, etc. El celoso parte de una premisa: me eres infiel, o me vas a ser infiel; premisa que se transforma en una verdad inspirada por el Espíritu Santo para él. Todo su esquema mental se basa en esto, entonces intima, obliga, fuerza para POSEER a su pareja.

Como dice D. Lagache: «El celoso no se contenta con conocer, quiere ver; no tiende sólo a la verdad, quiere alcanzar el ser.»

3) *Interpretar*

El celoso es un gran intérprete, siempre está interpretando la conducta con el mismo objetivo: decubrir que «me engaña».

El mínino cambio en el vestir, de horarios, de salir, activan automáticamente los celos.

4) *Buceador del pasado*

Al mejor estilo arqueológico busca reconstruir el pasado de su pareja, el cual nunca completa. Como Jacques Cousteau, bucea y bucea una y otra vez las profundidades del pasado de su pareja, pasado que lo atormenta. Desea saber qué sintió con su primer novio, con el segundo, en la relación sexual, etc.

Cada dato aportado es una pieza más del rompecabezas con el que finalmente espera encontrar lo que no desea encontrar: infidelidad.

Es importante señalar que en el pasado de casi todo celoso se oculta o existe una infidelidad paterna, aspecto crucial que explica gran parte de su conducta.

5) *Llanto y agresión*

Son sus dos armas favoritas. Luego de un ataque de celos, se arrepiente y pide perdón, le dice que confía en ella como nunca, llora y se angustia, le hace regalos y comienza la luna de miel, dice cambiar, pero todo es ficticio...

La otra arma es la agresión; la amenaza, le grita y luego se muestra arrepentido. No acepta perder lo que para él es su razón de vivir.

6) *Reiteración*

Pregunta lo mismo y espera una y otra vez que le diga que lo ama. Es un repetidor: repite las mismas preguntas y desea que le den las mismas respuestas, una respuesta cambiada significa el engaño, «algo que estás ocultándome». En cualquier lugar aun en los mejores momentos, le pide a su pareja datos de su vida pasada: un lugar, cuándo, con quién, en qué heladería, etc.

7) *Controlador*

Hace de su compañera su esclava, su objeto, la quiere sin mucha iniciativa, sin empuje, la quiere su prisionera de guerra. Revisa la agenda, busca preservativos, colonias, ropa, llegadas tarde, estudia cada una de sus conductas y movimientos, etc. Desea saber y controlar todo.

Los dos aspectos afectivos que predominan en el celoso son: deprimido-culpable y agresivo-rencoroso. Vive entonces en esta eterna tensión.

Los celos son la expresión de lo que es el sentimiento de autoritarismo y egoísmo. Como bien lo dice Salgado: «Los celos se relacionan más con el instinto de propiedad que con el sexual.»

8) *Prohibidor*

Le prohíbe que salga con hombres, que se vista así, su forma de caminar, etc; «no me gusta que hables así», no me gusta que te manejes de tal forma», «no me gusta esa blusa», etc.

Prohíbe porque cree que así no perderá a su pareja, como magníficamente lo resume G. Tordjman: «Perderte es dejar de ser.» Del otro depende el sentido de su existencia, debe, por tanto, privarlo de libertad porque podría volar hacia otros lugares, o con otra pareja.

9) *Desconfiado*

El celoso tiene varios rasgos paranoicos, es decir, son personas que no pueden confiar en nadie y que tienen un gran mundo de agresividad por sus primeras frustraciones infantiles. Esta bronca reprimida se expresa con el deseo de dominación o el delirio celotípico (fuera ya de toda realidad).

E. *EL ORIGEN DE LOS CELOS*

La inmadurez afectiva y los conflictos afectivos siempre están en el pasado del celoso. EN CASI TODO PASADO DEL CELOSO SE ESCONDE UNA INFIDELIDAD PATERNA. En su hogar nunca se dijo la verdad entera, era todo a medias, el clima de interpretar cualquier cosa era la forma de subsistir. Las frustraciones infantiles y las fantasías de infidelidad se reactivan como una constante en el celoso.

En muchos casos la imagen de la infidelidad paterna está presente y se libera de ella proyectando esta representación dolorosa que pone en escena una y otra vez.

Es vivir actualizando el temor infantil de que alguien, quien sea, robe el amor de sus padres.

Debido a esto y a la falta de afecto reinante en su hogar, el celoso jamás pudo confiar y entregarse a alguien; conducta que repetirá por muchos años.

Así se mezcla el pasado con el presente.

F. *LOS TIPOS DE CELOS*

S. Freud en 1922 propuso la siguiente clasificación:

a) «Normales»
b) Proyectados
c) Delirantes

a. Se originan en el dolor que siente al temer perder a quien ama. Todos deseamos poseer en forma exclusiva el amor de nuestra madre, se procede frente al padre como un rival con temor, hostilidad y culpa (sentimientos que se reprimen). De la manera en que el niño elabore esta situación edípica infantil dependerá su reacción de celos cuando sea adulto. Lo que se juega no es el amor del otro, sino el amor propio.

b. Provienen del propio deseo de ser infiel que no ha sido asumido. «Tú me engañas» se traducirá «yo deseo engañarte, ser infiel». Aspecto reprimido y proyectado en otro.

c. También provendrían de los sentimientos de infidelidad pero están relacionados con el mismo sexo. Es una homosexualidad reprimida, el «me engañas» es «deseo engañarte con un hombre» proyectado sobre su pareja; «yo no soy quien está enamorado de ese hombre, es mi mujer». Así disfraza sus sentimientos más profundos.

4. Te pego porque te amo: la tiranía del golpeador

A. INTRODUCCIÓN

Sorprende ver cada vez más en nuestras iglesias noviazgos y matrimonios caracterizados por la violencia y el maltrato emocional.

No es novedad decir que nuestra sociedad fomenta la violencia como un medio de fortalecer la «masculinidad». Basta con mencionar algunos «dichos» para verlo.

En la educación: «no llores mariquita», «a golpes se hacen los hombres», «aguanta, cobarde».

Dichos populares:

–«Hay amores que matan»

–«Los trapos sucios se lavan en casa»

–«Por algo será...»

–«Necesita mano dura»

Dichos internacionales:

«La mujer es como el árbol, hay que golpearla para que dé fruto» (francés).

«Las mujeres son como el gong, hay que golpearlas con regularidad» (chino).

«Una esposa puede amar al marido que no le pega, pero no lo respeta» (ruso).

«El hombre que es hombre y macho y le pega a su mujer, deja de ser hombre y macho si no le pega otra vez» (latino).

El hombre violento dará «pequeñas señales» de su violencia en *el noviazgo.*

Cuando le preguntamos a la esposa maltratada sobre su noviazgo, algunas de las respuestas que suelen dar son las siguientes: «no vi que él era así de violento» o «antes era de otra manera, era todo delicadeza; a veces se descontrolaba pero inmediatamente me pedía perdón» o «sí, era un poco agresivo, pero mi amor hacia él lo tapaba todo, yo creí que iba a cambiar».

B. CARACTERÍSTICAS INDICADORAS DE UN HOMBRE VIOLENTO

1) *La doble fachada*

El hombre violento casi siempre tiene dos personalidades: una social y otra familiar. La social es con la que esconde su otra personalidad para que nadie la descubra. Socialmente puede aparecer como muy buen creyente, líder, gran predicador, «muy amable con todos», simpático, cortés, delicado, trata de no ofender a nadie, predica del Señor. Es lo que llamaríamos ¡un buen ejemplo!, pero *detrás de todo esto se oculta la violencia y la inmadurez.*

Queremos enfatizar este rasgo al máximo. Muchos muestran un llamado al pastorado, se preparan, su engaño es tan perfecto, su *discurso tan seductor* que cuando su violencia se da a conocer nadie lo puede creer.

Hasta el punto de culpar a la novia o esposa de que «es violento porque ella no lo acompaña, no lo entiende a este buen muchacho».

El novio violento se caracteriza por seducir; su postura, su hablar y su mirar es seductor, su carencia de afecto le lleva a buscar la mirada de cuanta mujer haya. Cuando su pecado de violencia sale a la luz (como dice la promesa bíblica), la iglesia responde con «oh... no puede ser, tan buen muchacho, tan espiritual».

2) *La descalificación*

La descalificación es para el violento lo que la comida es para el bulímico. En la primera etapa de noviazgo todo es «color de rosas», pero al pasar un breve tiempo, comienza con sus primeras descalificaciones las cuales emite en forma muy sutil. Primero comienza con voz suave a mostrarle «lo gordita que está», para luego, *insistirle* que debe hacer régimen; *comparándola* luego con otras chicas, llegando a veces a los insultos más degradantes como por ejemplo: «gorda como tu madre», «eres una vaca, das asco», «eres una bola de grasa», y otras que son más degradantes aún.

A su vez la descalifica en su capacidad de pensar; cuando ella opina sobre algo, él la descalifica con una «sonrisa irónica», mostrándole que lo que piensa siempre es errado. JAMÁS felicita, estimula o valora las cualidades de su novia.

Incluso la descalificación pasa por la constante y sutil comparación entre ella y otras chicas: «qué hermoso cuerpo que tiene sultana, me vuelve loco», «ojalá fueras como fulana, entonces yo,...», «mira como sultana trata al novio, en cambio tú siempre,...».

Exagera su errores, se burla de los enojos de ella, de su familia, la acusa de coquetear con otros, la ridiculiza, todo en forma astuta e hiriente.

El violento para sentirse potente, necesita descalificar.

Si dice un elogio a su novia (lo cual es raro, ya que según él, «ella tiene la culpa de todo») lo hace para obtener algún beneficio, o por algún interés.

3) *La manipulación emocional*

La violencia se va desarrollando en forma gradual. El varón violento, lentamente va mostrando a su novia sus descontroles en forma implícita y encubierta. La manipulación es la táctica de control que el hombre tratará de ejercer sobre toda la vida de su compañera. Esta manipulación está encubierta con «mucho amor»; «no puedo vivir sin ti, si me dejases creo que me mataría», «al encontrarte mi vida se llenó de sentido, sin ti me volvería loco».

La manipulación verbal del violento va desde la amenaza de violencia física sobre su propia vida hasta el suicidio.

El novio y el hombre violento es celoso por excelencia; comienza preguntando dónde fue, por qué tardó tanto, por qué habló tanto con tal hermano.

Sus celos injustificados y su desconfianza lo llevan a querer saber TODOS los movimientos de su novia o esposa. ¡Cuántos matrimonios hemos visto donde las acusaciones celotípicas llegan al punto de acusar a la mujer de tener vida sexual con los hermanos de la iglesia, con los amigos, o de «andar provocando a todos los hombres con su forma de vestirse»!

Recordemos que el violento es un *gran actor*. Para negar sus conductas violentas y su manipulaciones recurre a dos de sus mejores libretos: la lástima (se arrepiente una y otra vez y pide perdón) y la culpa (acusa a su compañera de que todos sus males son por culpa de ella, o «antes de salir contigo, era feliz»).

El violento comienza a decirle: «me gustas más cuando te vistes con esta blusa, la otra no la uses», y frases así que esconden un deseo de dominio e imposición total. El *control* pasará lentamente por todo lo que dice, hace y piensa su novia, tratando de enterarse de todo.

4) *La dureza-frialdad*

Con la gente se muestra afectuoso y cálido, con su novia será expresivo, pero a medida que transcurra el tiempo lo será cada vez menos; menos cariñoso, menos expresivo de lo que piensa, de lo que siente, incluso con prolongados silencios (que son silencios castigadores). Hemos conocido matrimonios donde las esposas no sabían cuánto ganaban sus esposos (¡casados durante más de 20 años!) porque ellos no se lo decían. Tampoco sabían nada de sus salidas de fin de semana, de arreglos de la casa (de las que se enteraban en el último momento), etc.

Físicamente podemos decir que su cuerpo es rígido, su forma de caminar es ordenada y calculada. Toda su frialdad es tan inteligente y «lógica» *que hace que la novia o esposa se sienta la culpable de todo lo que pasa en su pareja.*

Según él, es ella la que debe cambiar; él la quiere, él sufre por ella cada vez que ella actúa de la forma en que actúa. Así, muchas mujeres –incluso las casadas– durante 20 o 30 años logran descubrir que fueron ellas las víctimas inocentes y no las culpables como se sintieron durante tanto tiempo.

El creyente violento cee que su novia debe «seguirle», «apoyarle» en su vocación, sus planes, sus gustos; ella debe «ser su ayuda idónea». La vigila, la controla en su forma de vestir, cuánto ha adelgazado, adónde va. A medida que pasa el tiempo y ve que su novia se independiza, recurre no a pedir sino a exigir, a ordenar, mediante prohibiciones o amenazas.

Su impotencia es tan grande que necesita reafirmarla una y otra vez.

5) *Rigidez*

En el fondo, el violento no quiere a la mujer, siente desprecio por todas ellas en general. La novia, la esposa, es un medio para expresar su inmadurez, su ira reprimida contra sus padres, o para negar su homosexualidad latente. Algunos llegan a tal extremo que manifiestan haberse casado para «sacarse las ganas», «para que alguien les haga las tareas del hogar», etc.

Que la mujer debe OBEDECER a su novio o marido, es una de sus frases preferidas y llama la atención cómo justifican esto con textos bíblicos; léase «cabeza», «sometimiento», «sumisión», «respeto», «obediencia».

La rigidez se expresa no sólo en su forma de pensar; si para él es blanco, tiene que ser blanco y si negro, ha de ser negro… y punto; sino también en la actividad sexual.

Ávido de actividad sexual presiona a su novia para entregarse a las relaciones prematrimoniales; si ella se niega, el violento trata de convencerla, luego la intima, y si no tiene resultados llega hasta tratarla de frígida.

Su forma de pensar es simple: o es blanco o es negro, por ejemplo: fuerte-débil, agresivo-sumiso, independiente-dependiente, racional-sentimental, maduro-infantil, macho-cobarde, etc.

La rigidez pasa también por los roles de la pareja. Para el violento, la mujer está al servicio primero de él y luego de los hijos; su lugar es el hogar, debe ocuparse de atender a su familia. Él es el encargado de traer el dinero, su tarea es fuera del hogar (no conviene que ella trabaje), él es quien tiene la última palabra, quien dice hacia dónde va el matrimonio, etc.

Su rigidez lo lleva a tomar cualquier decisión sin consultar a nadie. Jamás dirá: ME EQUIVOQUÉ. Por su impulsividad y falta de control hace reponsable a sus padres, su infancia o a quien sea de sus infortunios.

Recomendaciones pastorales

–Aconsejar que nadie es merecedor de ningún maltrato sea físico o EMOCIONAL; muchas mujeres todavía buscan expiar sus culpas inconscientes mediante el dolor.

–Aconsejar que hay que HABLAR con alguien si existe la violencia sea en el noviazgo o en el matrimonio.

Muchas parejas sufren en secreto. Cuando el violento es creyente y líder, intima a su esposa una y otra vez a no «andar hablando sandeces por ahí». Hay que enseñar que no se tiene por qué callar. Cuando la novia busca ayuda en el pastor o en los hermanos de la iglesia, el violento se siente descubierto, su imagen de ser maravilloso que trató de formar, cae para aparecer su verdadera personalidad. Llama a la novia y la intima a que no hable; si habla, trata, de hacerse la víctima de su novia, y si no puede seguir sosteniendo su imagen *se va de la iglesia.*

El consejero debe ser firme y concreto en sus apreciaciones, no dejándose intimidar por el violento.

–Brindar total apoyo pastoral a quienes sufren y exhortar a recibir ayuda profesional a quien maltrata. Se le debe señalar que está enfermo.

–En caso de que la violencia ha llegado a poner en riesgo de muerte a la víctima, recomendar la toma de distancia física hasta solucionar la violencia del varón. Más vale sola, viva y feliz, que acompañada triste y muerta. A veces romper un noviazgo es dar un paso adelante hacia la felicidad.

Cuidado porque la «gran violencia» comienza siempre con «las simples agresiones». Si no miremos esta carta que lo dice todo:

Querida joven: si tu novio o marido te insulta, descalifica o amenaza, si te compara con las demás, si te hace sentir inferior, si te prohíbe que te vistas de tal forma, que veas a tu familia, o que hables o pienses de tal o cual manera, si te critica o te vigila, si te maltrata en forma física (¡aunque sea jugando!) o emocional, si te obliga a lo que sea, si le tienes miedo, si te fuerza a tener relaciones sexuales, PIDE AYUDA, ya que tú eres una MUJER MALTRATADA.

5. Te amo pero te engaño: la tirania de la infidelidad

A. INTRODUCCIÓN

La infidelidad, sin lugar a dudas, es una de las crisis más devastadoras por la que un matrimonio puede atravesar.

La infidelidad no es nueva, existe desde el mismo origen del hombre. Tuvo incluso, en ciertos momentos, consenso popular como «el matrimonio abierto» propuesto en 1972 por el matrimonio O'Neill o los modernos *swinging* que vuelven a aparecer en nuestro país.

En el momento en que me encuentro escribiendo estas líneas atiendo a tres hombres que engañan a sus esposas, los tres tiene una relación paralela desde hace varios años; engaños mentira tras mentira, culpa, ambivalencia y otros sentimientos más. Sí, el tema de la infidelidad, más allá de ser «alentado» por gran parte de nuestra cultura, muestra el carácter destructivo del pecado humano.

El informe sobre sexualidad de Kinsey (1953) mostró que cerca del 50% de los hombres casados fueron infieles en determinado momento de su matrimonio. El Informe Simon (1972) de Francia, mostró como adúlteros al 10% de las mujeres y a 30% de los hombres.

En una encuesta hecha a 100.000 mujeres, el 40% de ellas reconocía haber tenido por lo menos una aventura extraconyugal. Los informes de Hunt (1974), Hite (1981) y otros arrojan cifras similares.

Es interesante notar que la encuesta realizada por Hunt (1974) concluye que, la infidelidad, para la mayoría, resulta insatisfactoria; la culpa, el miedo a ser descubiertos, las dudas, etc., hacen que la sexualidad no funcione tan bien como el cine nos vende.

Nuestro objetivo es poder brindar elementos que nos sirvan para poder entender, observar y ayudar a quienes sufren en relación a este conflicto.

B. TIPOS DE INFIDELIDAD

Es muy claro que desde lo espiritual, toda infidelidad es pecado. Pero como consejeros para la restauración necesitamos saber además, qué tipo de infidelidad y bajo qué móviles ha sido realizado el acto.

Es importante dejar en claro que el significado o determinantes de la infidelidad, varía según cada situación particular. Las aventuras amorosas pueden tener que ver con el sistema familiar (infidelidad ocasional) o con causas internas del individuo (infidelidad estructural).

Podemos entonces clasificar la infidelidad en dos tipos básicos:

1) *Infidelidad estructural o frecuente*

Existen 3 tipos básicos de personalidad para los que la infidelidad es lo mismo que las espinacas para Popeye.

a. L*a personalidad machista.* Es el individuo que necesita ser infiel para reasegurar su posición de superioridad. El machista, en cada triunfo amoroso secreto, reasegura todo su mundo afectivo inmaduro e inseguro. Necesita demostrar y demostrarse que él hace lo que quiere, con quien quiere y cuando quiere. En todo machista existe inconscientemente un «varón» que no ha podido «nacer» por pautas familiares rígidas y obsesivas.

b) *La personalidad del «Don Juan».* El típico aventurero, en cada una de sus infidelidades, busca a su madre, a la imagen materna idealizada que tiene en su interior. Pero a medida que encuentra a cada partenaire, la abandona, ya que ni por asombro tiene las cualidades de su perfecta madre.

Deseoso de triunfar, más que de gozar, busca conquistar mujeres para coleccionarlas en su «enciclopedia mental». Cada una de sus aventuras equivalen para él a los mejores trofeos de caza. Se las ingenia para seducir, corromper, pero jamás goza de ellas. La infidelidad no es un fin, sino un medio para el poder, que le permite demostrar su valía masculina...

El donjuán es presa también de sus tendencias homosexuales reprimidas (las cuales desconoce y niega, pero percibe en algún sentido). Utiliza sus conquistas para probarse una y otra vez su capacidad sexual «hetero», su masculinidad y su potencia de hombre.

c. *La personalidad histérica* (la versión femenina del don juan). Lo que ésta busca es seducir permanentemente, ser el centro de atracción y atención del mundo. Más que la infidelidad sexual, lo que busca es, permanentemente seducir y producir la infidelidad mental, la cual le hace sentirse maravillosa. El saber que los hombres, piensan en ella y que es objeto de deseo del varón, le da un gran placer.

También ésta, se defiende de sus tendencias homosexuales reprimidas, buscando en todo hombre la imagen de su padre idealizado y seductor.

2) *La infidelidad aislada u ocasional*

Entre las causas más usuales que hemos observado en más de 30 parejas, podemos nombrar las siguientes:

a. *El desgaste de la pareja.* En muchas parejas, el carácter romántico ha desaparecido, la comunicación se ha deteriorado limitándose la relación a monólogos y reproches, el acto sexual se ha deserotizado haciéndose mecánico,frío y rutinario.

En casi todos los cónyuges infieles ocasionales, hemos observado los síntomas antes citados. La infidelidad aparecería como un intento de recuperar «mágicamente» lo anterior. El infiel busca un clima de cariño, de aventura, de romanticismo, de poesía... que compense lo que falta. De allí que se vive y se hace con «la amante» todo lo contrario a lo que se vivía con la esposa.

Muchas parejas viven con los roles tan petrificados que se parecen a la «ley de la selva»: «Yo tarzán, Tú Jane; yo cazar y tú cocinar». Muchas mujeres infieles han manifestado su infidelidad como un medio de escapar de esto; de la rigidez, la pérdida de la espontaneidad, frialdad sexual, del excesivo orden y de la inexpresión de sus maridos.

b. *La tentación.* También la tentación esporádica puede darse en forma lenta. A veces con un buen amigo, una buena amiga, comienza a gestarse algo más que una amistad; pasa a ser un deseo de estar con la otra persona, de contar las cosas que pasan, de lo que le pasa con su cónyuge... y cuando menos lo espera...

Es interesante notar que si bien las relaciones infieles involucran lo sexual, no suelen girar en torno al sexo. Puede elegirse a un hombre que se presente como un igual, con quien se puede compartir. Es significativo observar que generalmente en la infidelidad, las esposas de doctores eligen campesinos, los hombres con esposas hogareñas eligen profesionales, en tanto que los hombres con mujeres profesionales se sienten atraídos por las amas de casa. Parecería que la atracción fundamental está basada en que sea diferente al cónyuge.

Los dos viven una experiencia amorosa y romántica como nunca, llena de colores y sueños poéticos, incluso el secreto y la prohibición que los unen, hace que el deseo sea mayor. Embriagados de amor y hechizados, se preguntan aun, si la voluntad de Dios no será este sueño de amor. Luego pasa por la cabeza el porqué no haberse conocido antes... más tarde el porqué no llevar las dos relaciones paralelas... luego, la decisión.

Hemos percibido que muchos de los que «caen en la tentación» estaban casados con una compañera/o celotípica. Los celos son la expresión de una frustración del sentimiento de propiedad, de un sentimiento de desvalorización. Es decir, un temor fundado o no, a que el ser querido pueda abandonarla por otra/o y que otro monopolice la atención que nos brinda. Verse excluido de la intimidad de ese ser. Los celos son la droga que calman sus frustraciones infantiles, desea poseer a su amado en la totalidad, busca y busca los elementos que le puedan hacer confirmar sus sospechas. Los celos nacen del sentimiento de que tiene muy poco que dar en comparación con lo que otro puede ofrecer. Se tienen celos de un niño, de un coche, de un animal. Un elemento pastoral importante para tener en cuenta es que, en casi todos los casos, el celoso arrastra la imagen de una infidelidad paterna, la cual proyecta en su cónyuge una y otra vez.

Así la infidelidad sería un intento de liberarse de estas cargas pesadas que el celoso lleva. Hasta nos da la sensación de que en muchos casos el celoso estaría deseando y fomentando la infidelidad.

c. *La venganza.* Esta es una de las causas más inconscientes. Nada mejor que hacer sufrir a un cónyuge o a un padre o a una madre, que la infidelidad. Ésta encubre el resentimiento hacia su cónyuge. Especialmente cuando el infiel presiente que se le priva de algo. La relación adúltera es un ensayo previo al divorcio.

Puede ser este acto un pedido indirecto de ayuda, de atencion. Hemos observado con frecuencia que se comete adulterio quizás en venganza por la infidelidad del cónyuge. El binomio adulterio-contra adulterio es algo que sorprende.

Es frecuente que el infiel, deje «pistas» para ser descubierto, así su venganza toma todas las dimensiones de venganza contra su padre rígido, «espiritualizador», ordenado y serio. Contra ese padre «maravilloso y moral» a los ojos de la iglesia, caracterizado por ser modelo de orden, rectitud y de trabajo.

La infidelidad femenina es un «arma» terrible usada contra el padre rígido y castrador. Hemos visto a mujeres vengarse con el puñal más doloroso clavado al «padre moral» y «recto».

Otro móvil de infidelidad que hemos visto es para sentirse acariciadas en los brazos de un hombre, o sentir que alguien les dice «te quiero», algo que nunca antes habían tenido.

A veces se usa como venganza frente a la permanente descalificación, por actos del pasado, por humillaciones, etc.

Otras veces, la infidelidad representa una venganza contra el cónyuge cuyo comportamiento le recuerda al padre dominador de antaño. Así, la infidelidad representa el intento inconsciente de escapar de esas garras.

Recomendaciones pastorales

Elementos para el aconsejamiento pastoral. Necesitamos conocer básicamente 3 factores:

a. A qué tipo de infidelidad nos enfrentamos

Si la infidelidad es estructural, asistir pastoralmente y delegar en profesionales para que ayuden a resolver las carencias afectivas. Si es esporádica, la búsqueda de la restauración.

b. Qué personalidad tienen los integrantes de la pareja

(Desarrollaremos a continuación las reacciones más corrientes cuando el cónyuge afectado es la mujer).

Contener en los momentos de bronca, humillación y otras reacciones del cónyuge afectado. Tener en cuenta que muchas mujeres víctimas de la infidelidad son presas de celos que las consumen, desean saber detalles de *todo*, de la forma de ser de la otra, de su actividad sexual, etc.

–Hay las que reprochan día tras día (que es su forma de vengarse) buscando la humillación, llanto y permanente arrepentimiento del infiel.

–Otras mujeres por el temor a quedarse solas perdonan y aceptan como si nada la infidelidad, con tal de que no las abandonen.

–A otras les duele más «el qué dirán en la iglesia» que el desmoronamiento de su propia pareja. Es decir, están más preocupadas por la publicidad y por qué dirán si «se enteran sus amigas o amigos», que por el hecho adúltero en sí.

La amenaza de divorcio es una de las armas frecuentes del cónyuge herido. A veces piden al pastor que se coloque de juez y condene al mismo infierno al «traidor».

–Al infiel, necesitamos acompañarlo a una confesión sincera (a Dios y a su cónyuge). Es muy difícil que la pareja retome la intimidad si el pecado queda oculto.

La actitud del infiel puede ser el autismo; ahí la mujer se vuelve más hostil y más intolerable. Las dudas y el desconocimiento la vuelven más irritable.

–Hay quienes confiesan su infidelidad, del mismo modo a como cuentan lo que hicieron en el día.

–Otros no lo confiesan y esperan que Dios los bendiga.

–Algunos más masoquistas entran en un estado de autosacrificio, limpian a su compañera de toda responsabilidad. Alternan en períodos de depresión y de bronca contra ellos mismos por lo que le sucedió.

c. *Cómo funcionaba la pareja*

Esto es muy importante, ya que muchas parejas se perdonan después de muchas lágrimas y dolor, pero no desean revisar el funcionamiento de su pareja, o no desean cambiar en nada.

Como consejeros debemos ayudar a que la pareja tome conciencia de que también debe revisar qué causas llevaron al compañero a esto y el enriquecimiento matrimonial posterior.

El consejero debe garantizar la máxima discreción. Saber que la curación de la herida lleva tiempo, puede permanecer abierta días, semanas e incluso años. De ahí, que el seguimiento pastoral se hace muy importante.

Deben sondearse los motivos y las razones que motivaron a la aventura, buscando la restauración en el Señor.

Ejercicios

26 – Trabajar el concepto de libertad:

Discutan sobre qué es y lo que implica en la relación de pareja. Cómo el concepto bíblico de libertad se contrapone con lo que él entiende por libertad: el otro como posesión única y absoluta.

27 – Clarificar qué es el amor: Revisen sus mitos y creencias sobre el amor, qué le enseñaron, qué piensa, qué siente y qué es lo que dice la Biblia.

28 – La influencia de sus experiencias infantiles sobre el presente: Compartan sus sentimientos de inferioridad y sus experiencias infantiles traumáticas. Si hubo especialmente infidelidad en su familia. Cómo se reactivan sus primitivos sentimientos, su poca tolerancia a las frustraciones, su deseo de apropiarse del ser, del alma del otro.

Capítulo 12

EL EMBARAZO

«La creación del amor»

1. La herencia

Digamos algunas palabras antes de pasar específicamente al tema de la sexualidad en el embarazo.

El niño proviene de 2 células, llamadas gametos; la masculina se la conoce como espermatozoide y la femenina como óvulo; cuando ambos gametos se juntan se produce la fecundación. Cada gameto, el óvulo por un lado y el espermatozoide por el otro, poseen 23 pares de cromosomas que son los que transmiten los carácteres hereditarios.

Cuando se unen el óvulo y el espermatozoide se forman 46 pares de cromosomas; cada uno de éstos llevan los genes (es decir, como los mensajes) del padre y de la madre. Así se formará un nuevo ser con características heredadas como la altura, el color de ojos, la piel, predisposición a ciertas enfermedades, forma de rostro, color de cabello, etc; es decir, las características físicas pero también lo temperamental.

Sin embargo, lo hereditario no es determinante. Una serie más de factores se sumarán a lo heredado dando por resultado el ser únicos e irrepetibles.

Se recomienda a las parejas que hayan tenido enfermedades de carácter hereditario en su historial familiar consultar con el médico.

A lo vivido en el embarazo lo llamamos experiencias prenatales. El bebé se encuentra en estado de ensoñación y percibe a la madre.

La panza es el edén, de pronto sale a la luz, al mundo.

Se sabe que los de cesárea y los que nacen de parto debajo del agua son más tranquilos.

Es difícil establecer la influencia de la herencia. Por ejemplo, el músico E. Bach tuvo 20 hijos y 10 fueron músicos. No sabemos si el don fue por herencia o por identificación.

2. El bebé antes del embarazo

El bebé existe incluso antes de nacer en la mente de los padres. Ha sido imaginado; esto es el deseo de sus padres. El hijo es la consecuencia de ese amor.

La madre y el padre comienzan a «fantasear», y así los fantasmas sustituyen a la realidad. Esos 9 meses decimos que son de ausencia llenados por los fantasmas.

La manera en que ellos tengan de sentir, experimentar y vivenciar a su hijo es ya una anticipación de lo que será.

En el embarazo y en el parto se repite la relación primitiva con su madre. A su vez se identifica con el feto repitiendo su misma vida intrauterina. El feto puede simbolizar algo valioso robado a la madre, por lo cual la joven embarazada teme algún castigo. Esto explica por qué muchas mujeres al tener un hijo, lo viven como algo perturbador, y le entregan «el hijo» al cuidado de su madre o suegra. Es como si fuese una ofrenda para saldar las culpas internas que posee.

La ambivalencia rodea al hijo, de ahí el miedo de dar luz a un monstruo, proyectando sus propios sentimientos destructivos contra el hijo.

Dice M. Langer que esta ambivalencia se ve en el deseo de expulsarlo con los vómitos y de recuperarlo con los antojos. Fíjense que ambas tienen que ver con la boca. Una de las teorías infantiles y de algunos pueblos es que se embarazan por haber comido algo. La mujer embarazada necesita protección y amparo por su regresión parcial. La ausencia de trastornos no es prueba de un embarazo feliz.

3. El hijo resultado del amor

El hijo puede ser una consecuencia del amor, el deseo de un integrante más que llene de satisfacción y amor la vida de pareja o puede tapar un problema de pareja; ¡cuántas veces hemos visto después de la infidelidad de alguno de la pareja o una fuerte crisis, que viene los hijos; o las parejas que discuten, pelean y allí aparece «milagrosamente» un hijo! Es sorprendente que aún hoy se escuche que era la forma que creían que «su pareja se iba a unir con la venida del hijo».

Puede ocupar también una compensación imaginaria; algunas personas se sienten inferiores o carentes de recursos y compensan esto teniendo hijos.

Así vemos cómo el hijo ocupa un lugar casi mágico, se le otorgan «poderes» especiales. Por otro lado hemos visto parejas fuertemente complementarias; ella comenzó a estudiar, a salir, a trabajar y de pronto ella se queda embarazada. Para muchos machistas es la mejor forma de dejar a su mujer en casa y no permitirle que se desarrolle. Su avance es frustrado con el hijo el cual aparece «por accidente».

Otras parejas tienen pánico de tener hijos o se muestran como que «no desean tener más», sin embargo, cuando se analiza la forma en que tuvieron relaciones vemos cómo inconscientemente, la mayoría de las veces la pareja lo buscó.

La pareja cristiana debería conversar muy bien estos temas y ponerse de acuerdo cuando AMBOS sientan el momento de tener hijos. El hijo debería venir al mundo marcado con el amor de los papás y la expectativa de darle lo mejor de elllos.

4. Lo que le sucede a la mamá

Hay una vuelta contra sí misma. Lentamente padece una pérdida del interés por el mundo externo. A medida que van pasando las semanas comienza a dormir más, ya que así se identifica con el embrión que es un gran dormilón. Se prepara para los cambios que ha de sufrir y sufre a nivel corporal, fisiológico y psicológico.

Comienzan las primeras preocupaciones:

–Ansiedad: ¿lo criaré bien? ¿Seré buena madre?
–Temores: ¿será mongólico?
–Ambivalencia: por un lado desea expulsarlo y por el otro retenerlo.

La madre comienza a modificar su cuerpo ya que ella lo lleva dentro. Su cuerpo se transforma, es decir cambia de forma.

Siente cómo otro ser se desarrolla dentro de ella, pero al mismo tiempo siente como si es ella. Siente el embarazo como una intrusión, un ser extraño dentro de ella.

5. Lo que le sucede al papá

También se encuentra embarazado. Existe una envidia inconsciente en este fenómeno. La mujer posee una capacidad que él no posee. Esta envidia se manifiesta cuando la mujer embarazada es criticada por el marido. Es interesante ver algunas parejas que «se llevaban bien» hasta que vino el embarazo y aparecen por parte del varón intensas críticas, desvalorizaciones y cuestionamientos que antes no existían. Muchos varones manifiestan así esta profunda envidia a la capacidad reproductora de la mujer, privilegio al cual el hombre nunca tendrá acceso ni sabrá qué es «vivir con un hijo en la panza». Así para defenderse de lo que admira lo desvaloriza. La máxima señal de esta envidia es la infidelidad durante el embarazo.

El cuidado, la protección y el amor es señal de salud mental.

Por otro lado muchos hombres comienzan a engordar manifestando los mismos síntomas que su pareja: náuseas, vómitos, pérdida del apetito, dolores de cabeza, etc.

El padre debe acariciar, participar activamente del cuidado y del amor, pues ambos esperan un hijo, especialmente hacia el cuerpo de la mujer. Antes la madre estaba sola, era la que «criaba a los hijos», herencia que llevamos aún en nuestras iglesias: la mujer sólo en el hogar...

Ya a partir del quinto mes, el embrión siente bastante bien el clima afectivo, tanto de la mamá como de la relación de la pareja.

6. Queremos tener un hijo

La pareja debiera registrar en un diario los ciclos reproductores, la temperatura basal corporal y la mucosidad cervical, entonces tener relaciones los días durante la época de mayor fertilidad, 8 días antes de la ovulación hasta un día después de la ovulación. Lo mejor es hacer una consulta con un ginecólogo para que pueda determinar los días de mayor fertilidad.

Si la temperatura permanece varios días mayor que la normal es señal de un posible embarazo, señal antes de la falta de regla. El test que se vende en las farmacias es un método económico y práctico.

La pareja debe dejar de usar todo método anticonceptivo y tener relaciones en las fechas de mayor fertilidad durante por lo menos un año. Esto debido a que hay un 20% de probabilidades de quedar embarazada en cada ciclo reproductor, por eso se espera varios meses antes de hacer la consulta al médico.

Muchas parejas tienen relaciones en el primer trimestre y al ver que no pasa nada se desesperan pensando las peores probabilidades y las enfermedades más duras contra ellos mismos. Muchas otras planifican el nacimiento para poder concebir y que esto sea antes o después de las vacaciones (enero, febrero). Para esto se debe llevar el registro de la temperatura basal del cuerpo, el moco cervical y los registros menstruales. Esto puede llevarse mejor con la ayuda de un ginecólogo. Hemos visto parejas que lo planifican obsesivamente con una gran carga de ansiedad, preocupación y «expectativas» de ver si resulta o no. Esto sí les perjudica.

Muchas parejas deberían tener en cuenta que hoy la infertilidad es encarada con múltiples técnicas que nos han permitido tener otras probabilidades. Es una pena que parejas «busquen al culpable» cuando es la pareja quien debe encarar juntos esta búsqueda. Es la pareja la que se embaraza y es la pareja la que no se embaraza.

En caso de no tener respuesta con relación a lo indicado arriba consulte en un centro de fertilidad especializado en su ciudad.

7. Cómo se produce el embarazo

Muchas parejas en algún momento de su vida matrimonial deciden tener hijos. Comienzan a tener relaciones, «estamos probando». Así pasan los meses y empieza a venir la angustia: ¿por qué no podemos tener un hijo? ¿Estaremos fallando en algo? ¿Tendré la capacidad para procrear o tendré algún problema en mis genitales?

Cada mujer posee alrededor de 200.000 óvulos inmaduros, los cuales serán descargados a partir de la pubertad, una vez al mes hasta la menopausia.

Una hormona llamada HSF (somatotrofiuca) comienza a hacer que los ovarios comiencen a madurar los óvulos que se encuentran dentro de los ovarios. La hormona llamada HL (luteinizante) hará que se descargue maduro. Esta descarga llamada ovulación se producirá desde la mitad de los días entre el primer día de flujo menstrual y el primer día del próximo flujo menstrual.

El óvulo sale flotando del ovario y se encontrará con el espermatozoide.

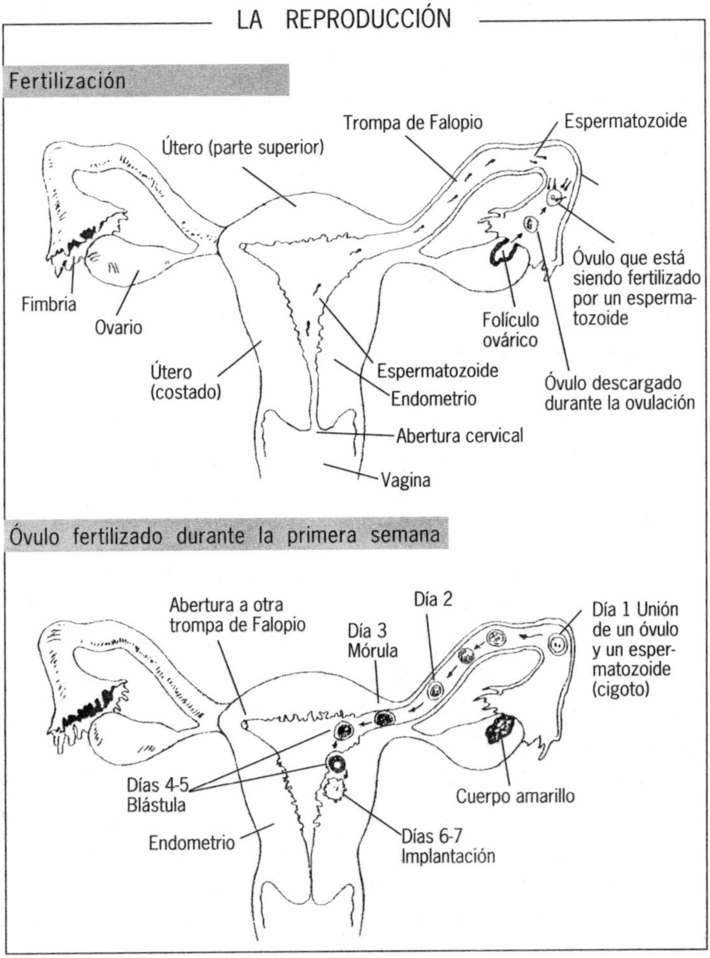

Figura 19

Según los estudiosos, el tiempo que dura un óvulo en espera es entre las 6 y 24 horas. Entonces encontramos que a lo largo de un mes (entre cada menstruación) hay sólo un óvulo disponible para ser fecundado que dura un día o menos. Los animales descargan varios óvulos en el mismo ciclo, por eso sus crías son muchas. La mujer sólo descarga un óvulo, a menos que sean mellizos o trillizos, lo que implica que se ha descargado más de un óvulo. El hecho de que un óvulo se separe y forme mellizos idénticos no es muy frecuente. Generalmente los mellizos vienen bajo un aspecto hereditario en la historia de la mujer; si ella es melliza sus posibilidades aumentan más.

Si el óvulo es fecundado, el huevo formado se comienza a desplazar hacia el útero.

Tras la eyaculación de semen, el espermatozoide viaja por la abertura cervical, va luego por el útero hasta las trompas de Falopio donde se encontrará (si es que se encuentran) con el óvulo. Todo este viaje es de unos 15 cm y dura alrededor de 5 minutos. Los espermatozoides son veloces nadadores.

El espermatozoide, antes de fecundar, sufre un proceso en el cual pierde un recubrimiento especial que se encuentra en su superficie (esto es dentro del útero y de Falopio, y dicen que este proceso dura unas siete horas).

Así, si se tienen relaciones antes de la ovulación hay probabilidades de fecundación, de lo contrario no.

Pero el hecho es que el espermatozoide vive varios días. Tener relaciones días antes de la ovulación, igual puede producir la fecundación. Se han encontrado espermatozoides en el cerviz durante 8 días y medio de vida después de la eyaculación.

Cambiando de posición se puede lograr (no siempre) que los espermatozoides entren en el cerviz y así vivan más: la penetración por detrás, el hombre en la espalda de la mujer y los dos arrodillados o acostados, el hombre contra la espalda de la mujer.

Es también necesario que el hombre no retire el pene tan pronto se produzca la eyaculación cuando el pene todavía está erecto. Esto evita que el semen salga rápido de la vagina. Si no ha sucedido nada, consulte con el médico después de un año.

Cuando el embarazo está confirmado no debe producirse el flujo menstrual. Si hay sangrado no es la menstruación, es debido a la implantación del embrión en la mucosa uterina. Puede ser también otro factor, por eso se debe consultar siempre al médico.

LA EYACULACIÓN

En cada eyaculación pueden salir hasta 200 o 300 millones de espermatozoides de los cuales sólo unos 200 o 300 llegan a la ampolla.

Cuando un espermatozoide llega al óvulo, descarga varias sustancias que rompen la nube de células que rodean al óvulo. Así penetra en las capas internas del óvulo y cuando entra totalmente la capa externa cambia de tal manera que ningún otro espermatozoide puede entrar.

El espermatozoide puede vivir hasta 8 días como hemos visto. Antes de la ovulación la abertura cervical se abre más, cambia la textura de la mucosidad permite que los espermatozoides naden hacia el útero.

Algunos de los centenares de espermatozoides quedan en la cervix, mientras que otros pueden entrar directamente en el útero.

Al entrar en la trompa de Falopio pueden vivir hasta 85 horas, ya que es un lugar rico en sustancias químicas necesarias para la supervivencia del espermatozoide.

Los espermatozoides que quedan en la vagina mueren al cabo de 2 a 6 horas. Así, el espermatozoide puede vivir en el cuerpo de la mujer desde dos horas hasta 8 días.

El hecho de que una mujer desee tener un bebé a los 30 años y no a los 20 no significa que sea más difícil. Es popular que se diga a los matrimonios que a los 30 o 40 años ya es más difícil que puedan tener hijos. Ningún informe científico serio avala tal hipótesis popular.

Sí se observa que la ovulación se produce con mayor regularidad entre los 18 y 28 años. Los ciclos irregulares y sin ovulación pueden aparecer a partir de los 30 años. Así la posibilidad de embarazo es posible hasta la menopausia; incluso se les aconseja que continúen usando métodos anticonceptivos durante un año más después de su última menstruación.

Hay ventajas en tener un hijo a los 30 o más años, pues la pareja se puede haber establecido mejor, incluso a nivel laboral y personal, pero todo esto, lo vemos por la clínica y la pastoral, depende de cada pareja. No debemos hacer fórmulas de «cuándo es mejor para las parejas» sino que cada pareja debe evaluar su momento y su madurez para desear un embarazo.

El varón produce espermatozoides hasta su muerte, esto implica que un hombre puede fecundar a una mujer sin importar si tiene 40, 50, 60 o 70 años.

Conviene aclarar que no es necesario un orgasmo para quedar embarazada; muchos creen que si la mujer no lo tiene no quedará embarazada, o si lo tienen juntos entonces quedará; esto es falso y esta creencia la hemos visto en algunos adolescentes. Tampoco importa la posición para determinar el sexo del bebé, las probabilidades de que sea varón o hembra son de 50 y 50. No tiene que ver con la posición adoptada ni la cantidad de semen eyaculado.

Se debe esperar por los menos 10 días después de la ausencia del período menstrual, para comenzar a hacer presuposiciones. Algunos síntomas tempranos son mareos, vómitos, sensibilidad en los pechos, micción frecuente; pero es posible que ninguno de estos síntomas esté en la mujer embarazada. El análisis de sangre o de orina (se ve la presencia de una hormona segregada únicamente durante el embarazo llamada HCG gonadotropina coriónica humana) puede mostrar con certeza si el embarazo se ha logrado o no. Las pruebas que se venden en la farmacia se pueden realizar perfectamente en el hogar.

El alcohol debe suspenderse totalmente para la salud del bebé.

El proceso de crecimiento es el siguiente:

CRECIMIENTO ABDOMINAL DE LA MUJER EMBARAZADA

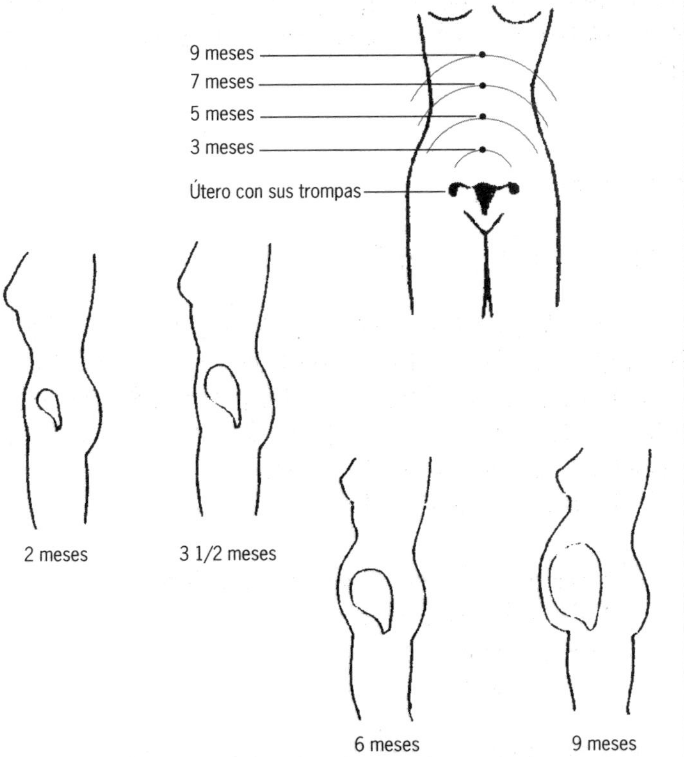

Figura 20

8. Niña o niño

Sorprende que aún hoy el deseo egoísta de tener un varón haga a muchos padres, especialmente hombres, rechazar a su bebé si es hembra. No es malo desear, pensar, querer, pero en mucho esto esconde una verdadera obsesión egoísta. Dios ha puesto a nuestros hijos para que los amemos por ser PERSONAS, no por ser hombres o mujeres. Todos nuestros hijos merecen tener los mismos privilegios y responsabilidades, y aunque las identificaciones son distintas entre los padres y cada hijo ESTO DE NINGUNA MANERA DEBERÍA SIGNIFICAR QUE UN HIJO SEA MÁS AMADO QUE OTRO.

9. El embarazo

Podríamos dividirlo en tres etapas:

A. Etapa del huevo: corresponde a las dos primeras semanas después de la fecundación hasta la implantación del huevo en la pared del útero.

B. Etapa de 2 a 9 semanas: tiene el tamaño de un alubia, pero en esa etapa se esbozan los órganos fundamentales: la placenta, el cordón umbilical y el saco amniótico (bolsa de agua).

C. Etapa del feto: hasta los 9 meses

Dos meses antes del parto se activan algunos temores:

–miedo a morir en el parto
–chico mongólico
–¿lo criaré bien?

Estas ansiedades normales que casi todas las mujeres tienen (y muchos hombres también) no deben preocupar a menos que sean intensas, entonces se debe buscar ayuda profesional, ya que pueden ser algunas causas del parto prematuro.

El embrión es capaz de percibir cuánto la madre siente y vive. Al quinto mes, por su desarrollo, percibe las ondas del ritmo cardíaco, percibe los sonidos y los ruidos y oye la voz humana.

El parto se suma a lo que la sociedad ve como «experiencias dolorosas» en la vida de la mujer. Pero su actitud hacia su femineidad depende del ambiente familiar.

10. La sexualidad durante el embarazo

Las relaciones sexuales durante el embarazo no producen ningún daño. Muchas parejas tienen la fantasía de que si tienen relaciones el bebé se da cuenta, siente el pene que entra y sale o que no está bien ya que el líquido seminal podría dañarle, o hemos escuchado también que «puede tragarse el semen», puede provocar un aborto espontáneo, o un parto prematuro. Todo esto es falso.

Por supuesto que aquí la última palabra la tiene el médico. Se suspenden las relaciones si existe sangrado vaginal o profundo dolor, pérdida del líquido amniótico, historial de abortos espontáneos, partos prematuros o tener alguno de ellos una enfermedad de transmisión sexual. El semen sabemos que puede inducir en estos últimos casos a las contracciones uterinas en algunas mujeres.

Es una pena que muchas mujeres suspendan sus relaciones sexuales, y lo que es peor aún, muchas las suspendan de por vida. Para algunas el hecho de «ser madres» les da la imagen de «buenas», «puras», «santas»; imágenes que no pueden compatibilizar con la sexualidad. Si esto sucede es motivo para consultar a un profesional de la salud. Las parejas que han tenido una vida sexual activa, amorosa, placentera previa al embarazo es lo más probable que continúen con su actividad sexual como antes.

La vida sexual no está separada del resto de la vida y de las áreas de una persona. Por eso para muchas mujeres el hecho de estar embarazada no modifica su ritmo sexual.

Por otro lado sabemos que en la gran mayoría de las embarazadas su deseo sexual disminuye en el primer trimestre; los vómitos, náuseas, cambios corporales, etc., hacen que la mujer ponga su energía en adaptarse a los nuevos cambios corporales y psicológicos que está teniendo. Las fantasías de dañar al bebé por tener relaciones también son muy frecuentes; esto aumenta cuando la mujer no posee los datos necesarios para poder satisfacer sus dudas. Si la madre ya ha tenido experiencia con embarazos, entonces es probable que el deseo sexual se conserve como antes.

Hemos observado el tremendo temor a «quedar gorda», «estar fea»; durante la época del embarazo muchas mujeres lo viven como algo tremendo, afortunadamente muchas otras descubren que en esta etapa también pueden permanecer atractivas, aseadas, cuidando su cuerpo. De la misma manera que antes muchos hombres no participaban absolutamente en nada durante el embarazo, este cambio de mentalidad hace que LA PAREJA encare junta este momento tan hermoso de la vida.

En el segundo trimestre aparece nuevamente un aumento del deseo sexual y una vuelta a una disminución del deseo y frecuencia coital en el tercero; el hecho de acercarse al parto, los temores, las ansiedades, etc., hacen que la mujer conserve su energía puesta no en lo sexual, sino en la próxima experiencia a vivir.

Lo mismo le sucede al varón. Sus fantasías de temor a dañar al bebé o a la futura madre , etc., hacen que su deseo disminuya. Además, el médico generalmente sostiene la abstinencia en este tercer período.

En cuanto a las posiciones sugerimos cuatro, como señalamos en el dibujo, aunque advertimos que no se deben practicar posiciones que opriman el abdomen.

POSICIONES PARA EMBARAZADAS

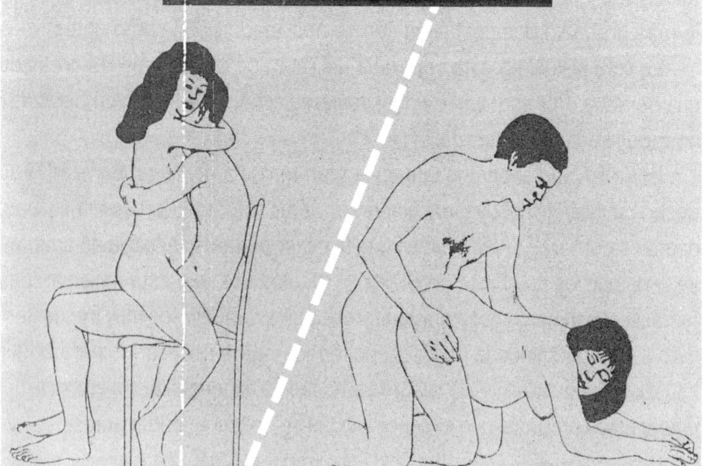

Figura 21

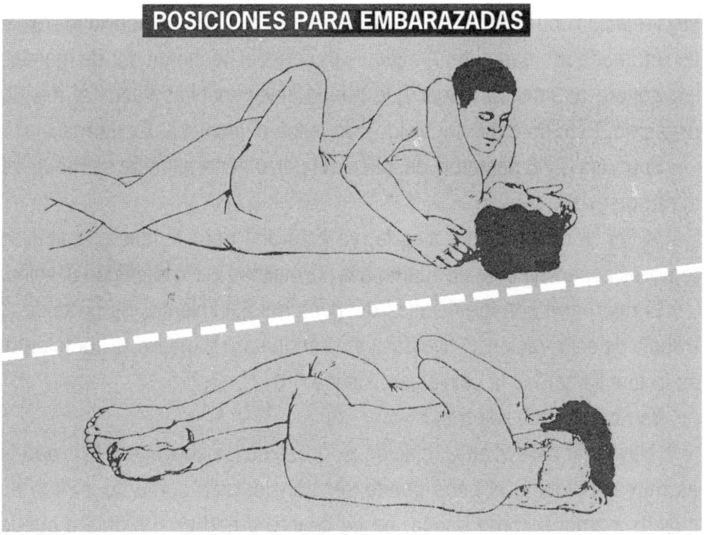

Figura 22

11. El parto

Por un lado se da un sentimiento de pérdida: depresión y por otro la necesidad de tener al hijo. El parto a pesar de los avances sigue siendo algo temido. Es importante pastoralmente sugerir la realización del curso de parto para que ambos realicen y reciban la información necesaria. La presencia del padre tranquiliza porque da fe a ese momento.

El nacimiento es entonces la expulsión del feto de la cavidad uterina. Se produce la expulsión del edén al que todos queremos regresar algún día.

12. El puerperio

El deseo y actividad sexual disminuye en este período. La irritabilidad vaginal, el temor al daño físico, el interés puesto en el amamantamiento y en la relación con el bebé son las prioridades. Para otras la actividad sexual es retomada prontamente. A algunas mujeres el hecho de dar de mamar, les genera un intenso placer que puede llevar muchas veces al mismo orgasmo. Esto no debe ser vivido con culpa ni angustia. Es normal.

Entre las 6 y 8 semanas después del parto generalmente se recupera el ritmo sexual.

Al ver al niño todo es alegría, ya está ahí; pero también se activan temores especialmente en cuanto a la normalidad y a la identidad del niño.

El puerperio son los 40 días después del nacimiento. Se produce el trabajo de elaboración. El hijo pasa a ser todo para la madre, la completud, es lo que llamamos la célula narcisística.

Ya no son dos, son tres.

¿Hay lugar para él en la relación amorosa de los cónyuges? Si la pareja es muy simbiótica, el bebé puede ser considerado como un intruso en cuanto a ambos como pareja, no en cuanto a padres. La madre puede excluir al padre y quedarse con su hijo, o el padre envidiar a su hijo que roba el amor de la madre.

El bebé no ha desarrollado su percepción global, no percibe el cuerpo de la madre en su totalidad; él quiere el contacto corporal, sentirse dentro de ella nuevamente. Dos serán las zonas de interés: el pecho y la boca.

El instinto de succión es una actividad refleja que provoca una acumulación de placer que se concentra en la boca cada vez que el bebé mama. Así el alimento cumple una doble función, la de alimentar y la de dar afecto, contacto o placer.

La aparición del flujo menstrual depende de cada mujer; y de si la mujer amamanta al bebé o no. La pareja debería conversar hasta que la relación sexual vuelva a ser como antes.

El coito puede resultar molesto después del parto; el agrandamiento de la vagina debido al parto o una rasgadura vaginal implica esperar a que esto cicatrice lo suficiente. La fatiga, el cuidado de la criatura, etc., son factores que podrían llevar a la pareja a expresar su amor sexual con otras variantes hasta que todo se vuelva a acomodar. Cuando la vagina y el cervix estén totalmente curados se pueden reanudar las relaciones sexuales; pueden ser dos semanas o un poco más. Si ha sido por cesárea mejor esperar un poco más de tiempo. El sexo se puede expresar de múltiples y variadas formas en esta etapa, predominando las caricias.

Por otro lado puede ser que ambos pierdan el deseo sexual después del parto. El nuevo ritmo de vida, la involucración de un tercero, las ansiedades, etc., pueden ser algunos de estos factores. Si con el correr del tiempo el deseo no aparece lo mejor sería consultar con un terapeuta.

Dijimos entonces que la madre y el hijo formarán una célula, el que llega a esa célula es el padre. El mensaje del padre es: no te unirás a tu madre; y a la madre: no te unirás a tu producto.

Así de una célula se forma un triángulo.

El bebé al nacer no tiene proceso de individualización, no puede distinguir entre yo y no yo o mundo externo. Es el mecanismo de proyección. Estás contento y somos nosotros, o qué agresivo que estás y somos nosotros que confundimos el yo con el no-yo.

El padre es el que al instaurar la ley de individualización: «no te unirás a tu madre», lo instala a la vida. Es lo que llamanos identidad, es diferenciarse de los demás.

La salud del bebé dependerá de la salud de sus padres, ya que estos son vitales para que el hijo sobreviva.

13. Cuando el hijo ya vino

Empiezan a resolver los problemas de una etapa de convivencia. El hijo para muchos es una bendición, para otros es una maldición. Puede unir el matrimonio o disolverlo. De un dúo pasan a un triángulo.

Las neuróticas pueden decir que la culpa es del niño. Es el problema de estos hijos que después se van de la casa, los padres no tienen ningún chivo emisario.

El nacimiento implica la creación de tíos y abuelos.

Siendo padres son menos hijos y se produce mayor independencia. Por un lado se distancian más y por otro se enredan más. Algunas parejas tienen profundas dificultades de criar a un hijo como Dios desea; miremos por qué:

Este es otro tema importante que hace a la vida de la pareja. Convertirse de esposos en padres es un cambio que afecta a cualquier pareja, incluso la más estable. Ya desde el embarazo el número de la pareja cambia, de dos pasan a ser tres, de esposos pasan a ser padres.

Así como un hijo impone cambios biológicos y emocionales en la madre, así también impone cambios en el sistema de pareja.

El rol del esposo en tiempo de embarazo y su función «maternal» para con su esposa debe ser privilegiada y recuperada. Muchos hombres creen que no tienen que ver nada con el embarazo de «su» esposa, afortunadamente con el tiempo esta situación va cambiando. Son «ambos» quienes están embarazados, quienes esperan un hijo, quienes sueñan, quienes lo criarán, quienes darán lo mejor de sí.

Entonces, decimos que un hijo cambia el sistema de pareja en cantidad (de dos a tres) y en calidad (de esposos a padres).

Esto implica que aparece un nuevo sistema de autoridad.

Los padres deben ser autoridad para su hijo, y estar en orden jerárquico sobre el mismo; el hijo no es el rey del hogar, ni ellos los déspotas, son los padres a quienes Dios ha dado la responsabilidad de que lo críen en su Palabra y su amor.

Aparece nuevamente toda la familia de origen, los tíos, los abuelos, etc., y la pareja debe estar firme para que esta autoridad paternal sea exclusivamente de ellos. Muchas abuelas y suegras desean tomar dominio del hijo, de enseñar compulsivamente a los jóvenes padres cómo deben hacer las cosas. Esta tarea corresponde solamente a los padres.

a. Algunos problemas

Sabemos que el hijo depende especialmente de la madre para su supervivencia, se produce una simbiosis que debe darse sí o sí. Con el correr del tiempo, el bebé va tomando autonomía y el padre entra en escena «normalizando» la relación de pareja. El contacto afectivo, el toque, la palabra, el gesto es lo prioritario para la salud del bebé.

Es con el primer hijo que la pareja debe volver a revisar sus mitos y expectativas para con el mismo, ya que el primer hijo es quien más carga con los mitos familiares.

Cuando la alianza madre-bebé se eternaliza aparecen los conflictos tanto para el hijo como para la pareja; esto se observa especialmente en parejas que después de su primer hijo no tienen más vida sexual o decae enormemente.

Hay madres «abnegadas» que se olvidan de su esposo y pasan a vivir para sus hijos. Son las madres sobreprotectoras, llenas de miedos que realzan tanto la función materna que descuidan la fundamental para la salud del hijo; ella como mujer y como esposa.

Está también el esposo que viendo la simbiosis normal madre-hijo que se da en el primer tiempo, se siente celoso y compite con su hijo. Son hombres que repiten pautas de su infancia e historia familiar personal.

Otros hombres compiten con sus mujeres tratando de demostrarle al hijo que el amor de él es mejor que el de la madre. Esto se ve cuando en la disciplina se descalifican mutuamente: «no lo trates así, tú no sabes criar a un hijo». O cuando explícitamente discuten delante del hijo tratando de ganarse el amor del mismo: «¿a quién quieres más a mamá o a papá?» Sí, es verdad aunque usted no lo crea.

Hay parejas que no pueden tener hijos. Son las parejas, como veíamos, tan simbióticas que no hay espacio para otro; si nace un hijo, lo abandonan o no le dan importancia.

La llegada del segundo hijo nuevamente introduce una distinción cuantitativa (de tres a cuatro) y cualitativa (se crea el subsistema fraterno).

14. Algunas funciones básicas

–Ser modelos de lo que es un hogar bajo el Señorío de Cristo.
–Brindar suministro material y AFECTIVO.
–Establecer una jerarquía clara.
–Nutrir más que antes la pareja.
–Recuperar los tiempos personales.
–Ser Padre y Madre y no delegar a nadie esta función.

Conclusiones

Dicen que el amor es ciego, pero es mentira. El amor ve y mucho. El odio es ciego, porque destruye y daña, pero el amor mira, y cuando hay amor, hay una mirada potente.

Querido matrimonio: ¿Recuerdan cuándo se conocieron?, ¿te acuerdas de la mirada de él?, ¿te acuerdas cómo ella te miraba? Era una mirada que lo decía todo, eran ojos que decían cuándo estabas enojada o enojado, contento, feliz. Esa mirada silenciosa en la que podían sentir todo sin decirse nada, que podían estar juntos aun cuando estaban separados.

Muchas parejas se han dejado de mirar...

Creen que se llevan bien, pero en realidad no se conocen, se llevan mal, hay aspectos sin resolver.

Muchas parejas buscan "chivos emisarios" para ocultar su falta de conocimiento y para tapar sus diferencias. Este chiste ilustra muy bien lo que queremos decir:

Me gustaría hablarles en estas últimas páginas de las tres miradas del amor.

Querido matrimonio: recordad, vosotros os amáis, no os casasteis por miedo a la soledad, os casasteis por AMOR.

El amor MIRA y mira hacia tres direcciones: Dice 2 Co. 4:16,18:

«Por tanto, no desmayamos; sino que aunque este nuestro hombre exterior se va desgastando, el interior no obstante se renueva de día en día.

No mirando nosotros las cosas que se ven, sino las que no se ven; pues las cosas que se ven son temporales, pero las cosas que no se ven son eternas.»

1. El amor mira hacia adentro

Algunas personas miran el detalle; cada cosa es analizada por ellos, otros miran para curiosear, otros para desear sexualmente, otros para competir, otros... Pero el amor verdadero mira hacia adentro.

Hoy estamos en la cultura del mirar; pero no del mirar hacia adentro sino del mirar superficial, de mirar lo exterior, de mirar la piel, estamos en la cultura de lo epidérmico.

Lo importante según nuestra cultura no es mirar hacia adentro, sino la estética, el cuerpo. Por eso tantas jóvenes con anorexia, bulimia, tantas muertes.

Hoy "las lolitas" han ganado mucho dinero con apenas 12 o 13 años, pero han perdido lo que no se compra con dinero; la infancia, el juego, la inocencia.

Vuestra cultura del mirar y admirar el cuerpo el afuera, es la de la apariencia, del movimiento, del wiskie importado, del viaje a Europa, de la ropa elegante, y nada más.

Dice el conocido psiquiatra español Dr. RIcardo Rojas es "la cultura Light"; todo es relativo, todo es permitido y lo importante es el placer de uno.

Hoy se habla también de las "lolitas otoñales"; las mujeres de la menopausia, o de la famosa crisis de los 40, hoy comenzamos a hablar de las crisis de los 30, y lo que es peor aún de los 20 años Sí, chicas de 20 años se sienten feas, gordas, inútiles, vacías. Sienten que ya no encajan más en esta sociedad, y tienen depresión. Por eso en una sociedad descartable, su lema sería algo así como: "Dime cómo eres por fuera y te diré cuánto vales."

Pero querido matrimonio, no todo está perdido. La Biblia nos enseña a mirar adentro.

Decían en la antigua Grecia: "Conócete a ti mismo." El apóstol Pablo dice que el afuera va desgastándose, pero que el interior se renueva, crece.

Sabéis, cuanto más mira uno para adentro, más se conoce. Lo peor que le puede pasar a una persona en la vida es dejar de mirar para adentro. El apóstol nos insta a no mirar lo temporal que es lo que se ve, sino lo eterno, lo interno, lo afectivo-espiritual.

Corremos, hacemos dinero, hacemo amigos. Trabajamos, estudiamos, pero si dejamos de mirar para adentro, el adentro va a estar vacío. Cuánta gente dice "no puedo parar", cuántas personas salen con una pareja, luego con otra, y trabajan todo el día, o estudian todo el día, tienen miedo de parar y mirar para adentro y dejar que el Espíritu de DIos ilumine el interior, nuestras experiencias, nuestras vivencias.

Dice una antigua historia:

«De joven yo era un revolucionario y mi oración consistía en decir a Dios: "Señor dame fuerzas para cambiar el mundo".

«A medida que fui haciéndome adulto y caí en a cuenta de que me había pasado media vida sin haber logrado cambiar a una sola alma, transformé mi oración y comencé a decir: "Señor dame la gracia de tranformar a cuantos entran en contacto conmigo. Aunque sólo sea a mis familiares y a mis amigos. Con eso me doy por satisfecho."

«Ahora que soy un viejo y tengo los días contados, he empezado a comprender lo tonto que he sido. Mi única oración es la siguiente: "Señor dame la gracia de cambiarme a mí mismo". Si yo hubiera orado de este modo desde el principio, no habría malgastado mi vida.»

Querido matrimonio, mirad para adentro, esa ha sido la finalidad de este libro. Sabéis, muchas parejas se pelean y se echan la culpa el uno al otro, pero lo hacen porque nunca miraron para adentro. Cuando uno se conoce sabe que muchas dificultades interpersonales tienen que ver con uno y no con el otro. Como aquellos que querían apedrear a la mujer adúltera y Jesús, conocedor del "adentro", les dijo que el que estuviera sin pecado tirase la primera piedra. Sí, los hizo mirar hacia adentro para que viesen su interior. Dice el relato del evangelio que desde el más joven hasta el más anciano comenzaron a tirar las piedras ¡pero al suelo! Jesús les dijo cuidado; muchas veces una acusación es ¡una autoconfesión!

Mirar adentro, lo interior de cada uno, no es un mirar obsesivo y castigador, un mirar sádico, sino un detenerse, un pensar cómo estás yendo, hacia dónde, para qué, si estamos cerca de Dios, o lejos, si estamos en su voluntad, qué aspectos de nuestro carácter necesitan mejorar, cambiar, limpiar. Mirar con valor para ver qué hay en "nuestro sótano", prender la luz y pedirle al Señor que lo vaya limpiando.

Cuando uno mira para adentro puede empezar a crecer, a conocerse y a ser más feliz.

Tal vez alguien esté pensando: si este es un libro de pareja, hay que hablar de la pareja. Sí, es verdad, pero si no empezamos por cada uno, no puede haber pareja, si cada uno de sus integrantes no pueden mirar para adentro, por más amor que haya no servirá, el amor se empieza por uno, cuando uno es sincero y mira hacia adentro entonces puede mirar hacia el otro.

2. Mirar al lado:

¿Por qué algo que tuvo que ser lindo, sencillo y hermoso como es la vida en pareja es algo tan complicado, conflictivo y torturante para muchos?

Hoy, hablamos cada día más del amor, aun más de lo que hemos hablado en los últimos 500 años. Sin embargo hay más dificultades que nunca para establecer vínculos. ¿Es el matrimonio la tumba del amor?

Mirar al lado, es descubrir que nos hemos unido a otra persona. Mirar al lado es compartir. Querido hermano, que ella pueda saber tus planes, tus sueños, tus metas, tus miedos. Querida hermana, que él pueda saber tus planes, tus metas, tus miedos.

Cuando una pareja comparte, intercambia, habla, mira al otro, descubre que ha unido la vida para ir JUNTOS, entonces la pareja se enriquece.

Mirar al lado es descubrir que hay un hombro para llorar, hay una mano para tomar en los momentos duros, hay un corazón para amar y ser amado. Mirar al lado es saber que la pareja no es un monólogo, no es para llorar solo por los rincones, sino que es para compartir todo.

Si no se sientan a conversar cómo están, qué necesitan el uno del otro, qué les molestó el uno del otro, qué cosas bonitas les pasaron. El matrimonio cristiano debe caracterizarse por hablar con transparencia, con frontalidad, con sinceridad SIN OCULTARSE NADA, porque no hay nada oculto que no salga a la luz.

Muchos creen que el enamoramiento es eterno, pero no. El amor, dice la Biblia es más fuerte que la muerte. No es el enamoramiento más fuerte que la muerte, no se casaron porque estaban enamorados solamente, se casaron porque había también amor.

Por otro lado, muchos matrimonios cristianos no se hacen cargo de que andan como andan porque su pareja depende de ellos mismos. Cuando me casé, de todo el mensaje de bodas solamente recuerdo una frase que la hice mía y ahora os la entrego:

«Sus padres cometieron muchos aciertos y errores en su pareja, no les toca a ustedes juzgarlos, ahora Dios les da la posibilidad de que ustedes construyan su matrimonio como ustedes quieren.»

Mirar al lado es cuidar la pareja: la infidelidad, las peleas, las discusiones estériles y tontas, los alejamientos, los resentimientos, la falta de comunicación son señales de que no han cuidado su matrimonio.

Cuídenlo porque si ustedes no lo hacen nadie lo hará. Aliméntenlo, el amor necesita crecer, no es un sentimiento solamente, sino también una acción, un acto humano que necesita ser enriquecido y fortalecido.

3. Mirar arriba:

Si Jesús no es el Señor de su vida, si él no entra en la casa, si él no llena cada habitación de su hogar, si él no es dueño de cada área de sus vidas, dice la Biblia que van a estar trabajando en vano.

Por eso dice la Biblia en Hb. 12:2

«Puestos los ojos en Jesús, el autor y consumador de la fe...»

Por otro lado el apóstol Pablo en Col. 3:2 da otro consejo:

«Poned la mira en las cosas de arriba no en las de la tierra...»

El apóstol Juan nos da su experiencia en Ap. 5:6

«Miré y vi en medio del trono al Cordero.»

Lo más bonito que podéis mirar es al Señor. La gente falla, el dinero pasa, el cuerpo se gasta, el estudio no llena, pero aquel que mira al Señor tendrá vida.

Mirar a Jesús no es mirar una religión, una iglesia evangélica determinada, un pastor o mirar a los hombres. Mirar a Jesús es dejar de mirar para abajo, es pedirle a él que sea el dueño, el rey, el Señor. Es invitarlo a morar en el corazón cada día.

Cuando el Señor entra en el corazón, y uno le entrega toda la vida, la vida comienza a vivir. Los seres humanos según la Biblia, estamos "en coma", nuestro corazón funciona, pero nada más, solamente cuando Jesús viene a vivir en nosotros descubrimos la vida.

Hay una historia que me conmovió llamada: "La mirada de Jesús".

«Le dijo Pedro: ¡Hombre, no sé de qué me hablas! Y en aquel momento, estando aún hablando el gallo cantó, y el Señor se volvió y miró a Pedro... Y Pedro, saliendo fuera rompió a llorar amargamente.»

Yo he tenido unas relaciones bastante buenas con el Señor. Le pedía cosas, conversaba con él, cantaba sus alabanzas, le daba gracias...

Pero siempre tuve la incómoda sensación de que Él deseaba que le mirara a los ojos..., cosa que yo no hacía. Yo le hablaba, pero desviaba mi mirada, cuando sentía que Él me estaba mirando.

Yo miraba siempre a otra parte. Y sabía por qué: tenía miedo. Pensaba que en sus ojos iba a encontrar una mirada de reproche por algún pecado del que no me hubiera arrepentido. Pensaba que en sus ojos iba a descubrir una exigencia: que había algo que Él deseaba de mí.

Al fin, reuní suficiente valor y miré. No había en sus ojos reproche ni exigencia. Sus ojos se limitaban a decir: "Te quiero". Me quedé mirando fijamente durante largo tiempo y allí seguía el mismo mensaje: "Te quiero".

Y, al igual que Pedro, salí fuera y lloré.

Es mi deseo y oración que como matrimonio cristiano sus ojos, su mirada, su atención estén puestas en el amor de DIos. Será entonces que las palabras de Isaías 33:17 se harán realidad:

"Tus ojos verán al rey en su hermosura."

Tal vez sea tu tiempo de llorar...

Bibliografía

BIBLIOGRAFÍA RECOMENDADA POR CAPÍTULOS

Capítulo 2

–Esteban, Alicia. *Lo masculino y lo femenino.* Quorum: Madrid, 1986.
–Ferreira, Graciela. *Hombres violentos, mujeres maltratadas.* Sudamericana, Buenos Aires, 1992.
–Giverti, Eva y Fernandez, Anamaría. *La mujer y la violencia invisible.* Sudamericana: Buenos Aires, 1989.
–Jáuregui, J. A. *Las reglas del juego: los sexos.* Sudamericana, Barcelona: 1984.
–Jewett, Paul. *El hombre como varón y hembra.* Caribe: Miami, 1975.
–Mafud, Julio. *La conducta sexual de los argentinos.* Distal: Buenos Aires, 1988.
–Marías, Julián. *La mujer en el siglo XX.* Alianza, Madrid, 1980.
–Mead, M. *Macho y hembra.* Alfa, Buenos Aires, 1976.
–Ocampo, Silvia Vera. *Los roles masculino y femenino.* CEA, Buenos Aires: 1987.
–Sanday, Peggy. *Poder femenino y dominio masculino.* Mitre: Barcelona, 1981.
–Signorelli, Rosa. *La mujer en la historia.* Pléyade, 1970.
–Stamateas, Bernardo. *Perversiones sexuales.* Barcelona: CLIE, en preparación.

–Tillion Germaine. *La condición de la mujer en el área mediterránea.* Península, Barcelona, 1967.

Capítulo 4
–Ableman, Paul. *Anatomía de la desnudez*. Barcelona: Sudamericana, 1984.
–Boasso, F. *El misterio del hombre.* Buenos Aires: Guadalupe, 1967.
–Descamps, Marc. *El lenguaje del cuerpo y la comunicación.* Barcelona: Deusto, 1992.
–Dufour Léon. *Vocabulario de teología bíblica.* Barcelona: Herder, 1990.
–Flugel, F. *Psicología del vestido.* Buenos Aires: Paidós, 1964.
–Maisonneuve, Jean. *Modelos del cuerpo y psicología estética.* Buenos Aires: Paidós, 1984.
–Palladino, Enrique. *Imagen corporal.* Buenos Aires: Cea, 1979.
–Pidoux, G. *El hombre en el Antiguo Testamento.* Bs As: Carlos Lohle, 1967.
–Rahner, K. *El problema de la hominización.* Madrid: Cristiandad, 1973.
–Robinson, John. *El cuerpo.* Barcelona: Ariel, 1968.
–Schilder, Paul. *Imagen y apariencia del cuerpo humano.* BuenosAires: Paidós, 1977.
–Varios: *Nuevo diccionario de teología bíblica.* Madrid: Paulinas,1990.
–Waal, A. *Introducción a la antropología religiosa.* Barcelona: Verbo Divino, 1975.

Capítulo 7

–Alsteens André. *La masturbación en los adolescentes.* Barcelona: Herder, 1978.
–Bainton, Roland *What Christianity Says abaut Sex, Love and Marriage* N.Y., 1957.
–Bonhoefer D. *Creation and fall, temptation,* N.Y., 1959.

–Cole, W. *Sex and Love in the Bible*. Nueva York, 1959.
–Croatto, Severino. *La sexualidad en los textos bíblicos*. Buenos Aires: Metanoia, 1991.
–Dallayrac, Nicole. *Los juegos sexuales de los niños*. Buenos Aires: Granica, 1974.
–Epstein, L. *Sex Laws and Customs in judaism*. Bloch: Nueva York, 1968.
–Feuch, Óscar (editor). *Sex and the church*. Missouri: Concordia House, 1961.
–Hiltner, Seward. *Sex and the Christian Life*. N.Y.,1957.
–Marrou, Henri. *Historia de la educación en la antigüedad*. Buenos Aires: Ed. Universitaria, 1976.
–Miles, Herbert. *La felicidad sexual en el matrimonio*. Miami, Logoi, 1972, *Felicidad sexual antes del matrimonio*. Miami, Logoi, 1974.
–Morano, Carlos. *Los lazos de la carne; apuntes sobre sexualidad y evangelio*. Proyección N 32, pág. 299-321. 1985.
–Noonan, J.T. *Contraconcepción*. Buenos Aires: Troquel, 1967.
–Piper, Otto. *The Biblical View of Sex and Marrige*. England,1960.
–Pury, R. *El misterio de la sexualidad*. Buenos Aires: La aurora, 1975.
–Rychlowski, B. *Sexo y sexualidad*. Buenos Aires: Paulinas, 1970.
–Sarnoff, Suzanne y Sarnoff, Irving. *Onanismo*. Barcelona: Grijalbo, 1980.
–Scorer. C.G. *The Bible and sex ethics today*. Bretaña, Tyndale press, 1967
–Spitz, René. *La masturnación en el niño*. Buenos Aires: Proteo, 1969.
–Stamateas, Bernardo. *La masturbación; aportes para el aconsejamiento pastoral*. El Expositor Bautista, Abril,1993, *Infidelidad*. El Exposi tor Bautista, Mayo 1993, *Las perversiones sexuales* Barcelona: Clie, 1995.
–Varios: *Nuevo comentario bíblico*. C.B.P. USA, 1985.
–Villamarzo, Pedro. *Características y tratamiento de la sexualidad infantil*. Madrid: Narcea, 1979.
–Voss, Jacqueline y Gale, Jay. *Guía sexual para la adolescente*. Buenos Aires: Vergara, 1987.

Wheat, Ed. y Gaye. *El placer sexual ordenado por Dios.* Puerto Rico: Betania, 1980.
Wyrtzen, J. *El sexo no es pecado* Clie, 1979

Capítulo 11

–Drummond, E. *La cosa más grande del mundo.* Buenos Aires: La aurora, 1988
–Fiorini, H. *Teoría y técnica de psicoterapias.* Buenos Aires: Nueva visión, 1964.
–Geisler, N. *La ética cristiana del amor.* USA: Caribe, 1970
–Kittel: diccionario.
–Mc Dowell, J. *Las tres caras del amor.* Puerto Rico: Betania, 1980.
–Liberman, A. *Los celos y el amor.* Ediciones Temas de Hoy, Buenos Aires, 1991.
–Mira y López, E. *Los cuatro gigantes del alma.* Buenos Aires: El ateneo, 1947.
–Pikaza, J. *Palabra de amor.* Salamanca: Sígueme, 1983.
–Reik, T. *El amor visto por un psicólogo.* Buenos Aires: Nova, 1946.
–Salgado, E. *Erotismo y sociedad de consumo.* Barcelona: Círculo de lectores, 1972.
–Tordjman, G. *La aventura de vivir en pareja.* Gedisa: Barcelona, 1986.
–Tordjman, G. *La pareja.* Barcelona: Grijalbo.1989.

Bibliografía GENERAL:

–Abbate, F. *Perturbaciones psicopatológicas conyugales y familiares.* Buenos Aires: A.Z. editora, 1978.

–Abraham, C. *Introducción a la sexología médica.* Barcelona: Crítica, 1980.

–Andolfi, M. *Terapia familiar.* Barcelona: Paidós, 1985.

–Alsteens, A. *La masturbación en los adolescentes.* Barcelona: Herder, 1970.

–Bornstein, H y Bornstein, M. *Terapia de pareja. Enfoque conductual sistemático.* Madrid: Pirámide, 1988.

–Caldiz, L.S. *Viviendo nuestra sexualidad.* Buenos Aires: Estacions, 1985.

–Calvo, I. *Pareja y familia.* Buenos Aires: Amorrortu, 1973.

–Flichman, J.C. *El SIDA y otras enfermedades transmisibles sexualmente.* Buenos Aires: Urano, 1986

–Gidin, L.R. *La nueva sexualidad del varón.* Buenos Aires: Paidós, 1991

–Góngora, J. *Técnicas y programas en terapia familiar.* Buenos Aires: Paidós, 1992.

–Haley, J. *Terapia para resolver problemas.* Buenos Aires: Amorrortu, 1980.

–Hite, S. *El informe Hite sbre la sexualidad masculina.* Madrid: Plaza & Janés, 1981.

–Jáuregui, J.C. *La homosexualidad en la Argentina.* Buenos Aires: Tarso, 1987.

–Kaplan, H.S. *El sentido del sexo.* Barcelona: Grijalbo, 1981.

—— *La nueva terapia sexual* (2 tomos). Madrid: Alianza, 1978.

—— *Manual ilustrado de terapia sexual.* Barcelona: Grijalbo, 1978.

—— *Transtornos del deseo sexual.* Barcelona: Grijalbo, 1982.

–Kolodny, R y Col. *Tratado de medicina sexual.* Buenos Aires: Salvat, 1985.

–Kusnetzoff, J.C. *El hombre sexualmente feliz.* Buenos Aires: Javier Vergara, 1986.

—— *La mujer sexualmente feliz.* Buenos Aires: Javier Vergara, 1987.

—— *Sexuario.* Buenos Aires: Javier Vergara, 1992.

–Liberman, R. y Wheeler, E. *Manual de terapia de pareja.* Bilbao: Desclee de Brower, 1987.

–Masters, W. Jonhson, V. *Incompatibilidad sexual humana.* Buenos Aires: Intermédica, 1972.

—— *Respuesta sexual humana.* Buenos Aires: Intermédica, 1978.

–McCary, J. *Mitos y falacias sexuales.* México: Diana, 1973.

–Ocampo, S. *Los roles femenino y masculino, ¿condicionamiento o biología?* Buenos Aires: Centro Editor Latinoamericano, 1987.

–Pitman III, F. *Momentos decisivos.* Buenos Aires: Paidós, 1990.

–Puget, J. y Berenstein I. *Psicoanálisis de la pareja matrimonial.* Buenos Aires: Paidós, 1992.

–Rascovsky, A. y Sevilla, A. *Sobre la sexualidad de la mujer.* Buenos Aires: Emecé, 1991.

–Rovaletti, M. *Matrimonio y familia en la Argentina actual.* Buenos Aires: Trieb, 1986.

–Sarnoff, S. Sarnoff, I. *Onanismo.* Barcelona: Grijalbo 1980.

–Segu, H. *Sexología básica.* Buenos Aires: Planeta, 1992.

–Singer, L. *Etapas en la vida amorosa de la pareja.* Barcelona: Granica, 1982.

–Soifer, R. *Psicología del embarazo, parto y puerperio.* Buenos Aires: Kargieman, 1976.

–Stamateas, B *Cuando en el noviazgo hay violencia.* El Expositor Bautista, Julio 1993, p. 23.

—— *Aconsejamiento pastoral.* Barcelona: CLIE, 1995.

—— *Las perversiones sexuales* (en preparación)

–Tordjman, G. *La aventura de vivir en pareja.* Barcelona: Gedisa, 1986

—— *La pareja.* Barcelona: Grijalbo, 1988.

–Varios. *Clínica del cambio.* Buenos Aires: Nadir, 1991.

–Varios. *Quiero dar de mamar a mi bebé.* Buenos Aires: Trieb, 1983.

–Watzlawick, P. *Teoría de la comunicación humana*. Buenos Aires: Tiempo contemporáneo, 1974.

—— *Cambio*. Barcelona: Herder, 1992.

—— *El lenguaje del cambio*. Barcelona: Herder, 1981.

–Weakland, J. y Herr, J. *Terapia interaccional y tercera edad*. Buenos Aires, Nadir, 1979.

–Wheat, E. *El placer sexual ordenado por Dios*. Puerto Rico: Betania, 1980.

–Willi, J. *La pareja humana: relación y conflicto*. Madrid: Morata, 1985.

–Zwang, G. *Manual de sexología*. Barcelona: Toray Masson, 1978.